Bibliografische Information der Deutschen Nationalbibliothek:
Die Deutsche Nationalbibliothek verzeichnet diese Publikation
in der Deutschen Nationalbibliografie; detaillierte bibliografische
Daten sind im Internet über http://dnb.d-nb.de abrufbar.

3. Auflage, 2019
© oekom verlag München 2018
Gesellschaft für ökologische Kommunikation mbH,
Waltherstraße 29, 80337 München

Korrektur: Petra Kienle
Innenlayout, Satz: Ines Swoboda, oekom verlag

Druck: Friedrich Pustet GmbH & Co. KG, Regensburg

ANDREAS H. SEGERER, EVA ROSENKRANZ

DAS GROSSE INSEKTENSTERBEN

Was es bedeutet und was wir
jetzt tun müssen

DANKSAGUNG

Ohne viele wichtige Hinweise und stimulierenden Gedankenaustausch hätte dieses Buch nicht entstehen können.

Im Einzelnen sei (in alphabetischer Reihenfolge) gedankt:

Prof. Dr. Ernst-Gerhard Burmeister (Gernlinden), Erich und Dr. Juliane Diller (ZSM), Dr. Andreas Fleischmann (Botanische Staatssammlung München), PD Dr. Jan Ch. Habel (Lehrstuhl für Terrestrische Ökologie, TUM), Prof. Dr. Gerhard Haszprunar (Lehrstuhl für Systematische Zoologie der LMU und Generaldirektor der Staatlichen Naturwissenschaftlichen Sammlungen Bayerns), Dr. Axel Hausmann (ZSM), Mag. Dr. Peter Huemer (Tiroler Landesmuseen), Eva Karl (ZSM), Dr. Matthias Nuss (Senckenberg Museum für Naturkunde, Dresden), Prof. Dr. Josef H. Reichholf (Neuötting), MdEP Dr. Gerhard Schmid (Regensburg), Prof. Dr. Thomas Schmitt (Martin-Luther-Universität Halle-Wittenberg und Direktor des Senckenberg Deutschen Entomologischen Instituts), Prof. Dr. Klaus Schönitzer (LMU und ZSM), Prof. Dr. Michael Schrödl (LMU und ZSM), Manfred Siering (Vorsitzender der Ornithologischen Gesellschaft Bayern e. V.) und Dr. Robert Trusch (Naturkundemuseum Karlsruhe).

Des weiteren gebührt den vielen Forschungsförderern Dank, ohne die unser Wissen über das Insektensterben sicherlich ärmer wäre. Explizit erwähnt seien hier für ihre aktuelle Unterstützung das Bundesministerium für Bildung und Forschung (BMBF) und das Bayerische Staatsministerium für Kunst und Wissenschaft; ferner das Canadian Centre for DNA Barcoding (University of Guelph), BOLD Management & Analysis System (University of Guelph) sowie das Ontario Genomics Institute. Besonderer Dank geht an die Crocallis Stiftung, die Bürgervereinigung Obermenzing e. V. sowie an das Netzwerk Blühende Landschaft.

Last, not least dankt Eva Rosenkranz dem OGV Finning sowie Sylvia Frieb; Andreas Segerer seiner Frau Hannelore für jede Menge Geduld, Verständnis und Unterstützung in allen Phasen der Entstehung des Buches.

INHALT

Teil II
Lebensräume heißt das Zauberwort: Was jetzt zu tun ist

Prolog

Verlorenes Paradies – Wie ich zu den Schmetterlingen kam

Das Ende der Welt kam für mich* aus heiterem Himmel, und ich hatte ihm nichts entgegenzusetzen. An den genauen Zeitpunkt kann ich mich nicht erinnern, vermutlich war es im Sommer 1970: Ich war damals ein Knirps von acht oder neun Jahren. Aber die Bilder bekomme ich bis heute nicht aus dem Kopf, geblieben sind ein Gefühl von Fassungslosigkeit und Ohnmacht.

Der erste der, aus heutiger Sicht, apokalyptischen Reiter, den ich traf, hatte die Gestalt eines dicken Schlauches, angeschlossen an eine unerbittlich arbeitende Pumpe. Sie saugte jenen Tümpel allmählich leer, den wir Kinder »das Moor« genannt hatten und an dem ich in den Jahren zuvor viele unvergessliche Stunden verbracht hatte, fasziniert von all dem prallen, vielfältigen Leben im und auf dem Wasser. Jetzt war sein Untergang beschlossen, und ich stand stumm und überfordert daneben. Ich musste zusehen, wie dem »Moor« und den unzähligen Lebewesen darin der Garaus gemacht wurde. Und das war erst der Anfang!

Das gesamte Gelände ringsherum, die Magerrasen und die Kornfelder, meine heile Welt, in der ich meine ersten, prägenden Erfahrungen mit dem machen konnte, was man heute »Biodiversität« nennt – all das würde schon bald nicht mehr sein, würde un-

* Autor Prolog bis einschließlich Kapitel 6: Andreas Segerer.

widerruflich vernichtet werden. Auf den Schlauch folgten weitere Reiter; jetzt hatten sie die Gestalt von Baumaschinen. Die vielen Schmetterlingsraupen auf dem Gelände mussten Planierraupen weichen. Der Hunger der Stadt nach Bauland war grenzenlos – und ist es bis heute geblieben.

Ich sehe mich dort am Rande des Tümpels stehen, zum allerletzten Mal. Nie hätte ich mir so etwas ausmalen können.

Das verlorene Paradies meiner frühen Kindheit lag in der Nähe unseres Hauses, damals der südliche Stadtrand von Regensburg. Man musste nur zweihundert Meter gehen. Eine große Linde – sie steht noch heute und kann alles bezeugen – markierte das Ende der Teerstraße und den Eintritt in mein Paradies. Schon im Alter von fünf Jahren zog es mich unwiderstehlich dorthin, ging ich mit einem kleinen Handnetz, das meine Mutter mir genäht hatte, auf die Jagd nach Schmetterlingen, Eidechsen, Molchen und anderem Getier.

Zur Linken, am Fuß der Linde, gab es einen unordentlichen Fleck, den wir den »Misthaufen« nannten und auf dem irgendwer allerlei Dinge entsorgt hatte: Schnittgut, Draht, einen Bettenrost. Das störte damals niemanden und mich erst recht nicht. Denn dort wohnten Zauneidechsen in einer seltenen, fast vollständig grünen Form. Ich begegnete diesen außergewöhnlichen Tieren in den Jahren 1966 und 1967, sah noch ein einzelnes Exemplar im Sommer 1968, fing es und brachte es stolz mit in die erste Klasse der Volksschule. Das war damals kein Verbrechen, ich wurde sogar nachdrücklich gelobt für mein naturkundliches Interesse und für mein Jagdtalent. Das Tier bekam nach dem Schulbesuch am angestammten Platz seine Freiheit zurück, trotzdem habe ich derart gefärbte Tiere in den Folgejahren nie wieder gesehen.

Von der Linde aus führte ein Trampelpfad bergab. Er endete ein paar hundert Meter weiter an der alten Straße und den Bahngleisen. Gesäumt wurde er oben von einem Weizenfeld mit Klatschmohn und Kornblumen, ansonsten links und rechts nur von offenem, magerem Ödland. An den Brennnesseln sammelte ich die Raupen von Tagpfauenauge und Kleinem Fuchs – es gab sie zuhauf –, züchtete sie in Weckgläsern und verfolgte fasziniert die Metamorphose, die Verwandlung in metallisch gefleckte Stürzpuppen und schließlich den Schlupf der Falter und das Entfalten ihrer Flügel. Überhaupt gab es Falter, Bienen, Schnecken, Libellen und anderes Getier im Überfluss. Das Lied der Feldlerche war alltäglich, unzählige Schwalben – heute so gut wie verschwunden – bevölkerten den Himmel.

Zur Rechten war das Land eben; vor allem dort lebten Zauneidechsen in heute unvorstellbarer Menge. Zur Linken waren die Wiesen buckelig wie eine Skipiste, und in einer der Senken befand sich der kleine Tümpel, unser »Moor« – ein magischer Anziehungspunkt. Er war so flach, dass man auch als Knirps gefahrlos darin stehen konnte, und an jenen Stellen, wo weder Sumpfgräser noch Wasserlinsen den Blick verwehrten, eröffnete sich eine vor Leben berstende Welt. Sumpf- und Posthornschnecken, Köcherfliegenlarven, Libellenlarven, Wasserläufer und Wasserskorpione (beides Wanzenarten), Gelbrandkäfer – all das und vieles mehr gab es dort in Fülle zu bestaunen. Ich fing Teichmolche und Kaulquappen und hielt sie, so gut ich es vermochte, zu Hause in Aquarien und Terrarien. Selbst im Winter war ich unterwegs, um nach »meinen« Tieren zu schauen. Ich erinnere mich an einen warmen Tag im März, kurz nach der Schneeschmelze, als massenhaft überwinterte Raupen eines Bärenspinners unterwegs waren, auf der Suche nach erstem, frischem Grün; es müssen weit über hundert Tiere gewesen sein.

Ich selbst konnte und durfte solche Entdeckungen und Naturerfahrungen noch machen und sie gehören zu den schönsten Erinnerungen meiner Kindheit. Die Kinder von heute kann ich diesbezüglich nur bemitleiden. Ihnen sind solche prägenden Eindrücke inzwischen verwehrt. Erstens, weil es bei uns eine solche Vielfalt kaum noch gibt, und zweitens, weil heute unsinnige Artenschutzbestimmungen die Natur vor Kindern schützen: Die Möglichkeit des Sammelns, um Natur im wahrsten Sinn des Wortes begreifen zu können, hat der Gesetzgeber unterbunden – den Artenrückgang jedoch nicht (siehe Kapitel 5).

Woher mein überaus stark ausgeprägtes Interesse für Natur, Naturwissenschaft und insbesondere Schmetterlinge kommt, weiß ich nicht; der Drang zum Jagen und Sammeln ist mir wohl in die Wiege gelegt, denn anders ist es kaum zu erklären, wenn man schon als Fünfjähriger Kohlweißlinge fängt und damit eine Schmetterlingssammlung begründet. Zu Hause wurde mein Interesse stets unterstützt. In praktischen Dingen half mir mein Onkel Josef sehr. Er hatte als Kind selbst eine Schmetterlingssammlung gehabt und leitete nun mich mit Rat und Tat an.

Mit ihm durfte ich schließlich auch auf Nachtfang gehen. Unvergessen ist mir die totale Mondfinsternis vom 6. August 1971. Der Blutmond hing tief am östlichen Himmel und schimmerte zwischen den uralten Eichen hindurch, deren Stämme wir mit Zuckerköder bestrichen hatten. Dutzende von Nachtfaltern drängten sich nun um die Köderstellen, darunter endlich auch das lang ersehnte Rote Ordensband, einer unserer größten und farbenprächtigsten Nachtfalter.

Leider starb mein Onkel früh, aber ich bekam bald Kontakt zu ortsansässigen Sammlern, älteren Herren zumeist, die mich wohlwollend unterstützten, ohne freilich ihre letzten Geheimnisse preiszugeben. In der Volksschule nannte man mich den »Schmetterlingsprofessor«, weil ich unter der Bank heimlich Bestimmungsbücher las, wenn der Unterricht gar zu langweilige Themen behandelte. Im Gymnasium entdeckte einer der Biologielehrer, Dr. Ludwig Neumayr, mein Interesse und förderte es kontinuierlich. Er selbst sammelte Moose und Flechten, früher auch Schmetterlinge, und wurde nach dem Abitur zu einem engen Freund und Sammelkollegen. Ihm habe ich maßgeblich zu verdanken, dass ich mich für das Biologiestudium entschied und Wissenschaftler wurde. Er gab auch den entscheidenden Anstoß, sich den »Mikrolepidopteren« zuzuwenden, jene kleinen und kleinsten Arten, die zwar fast zwei Drittel der heimischen Schmetterlinge ausmachen, über deren Verbreitung aber bis heute nur ziemlich wenig bekannt ist; das liegt am Mangel an Spezialisten, die sich für solche »Motten« interessieren. Wegweisend war auch der Kontakt zu Herbert Pröse aus Hof, der damals einzigen Autorität für bayerische Kleinschmetterlinge. Er wurde zum engen Freund und zu meinem wissenschaftlichen Lehrer für diese Gruppe.

Ohne mein Elternhaus samt Onkel Josef, ohne Ludwig Neumayr und Herbert Pröse wäre ich heute nicht das, was ich schließlich geworden bin: Forscher und Kurator für Kleinschmetterlinge in einem der bedeutendsten Forschungsmuseen der Welt, der Zoologischen Staatssammlung München.

Das Paradies der Kindheit, wo mein Interesse für die Natur erwachte und alles begonnen hat, ist heute nur mehr Erinnerung (siehe Kapitel 4). Es ist Siedlungsgebiet, Teil der Großstadt geworden, und die Menschen, die dort wohnen, ahnen nichts von dem Paradies, das hier einst war. Der Sommerflieder im Garten, der sich vor fünfzig Jahren noch vor Faltern förmlich bog, ist heute so gut wie verwaist. Von den zahlreichen Plätzen in der Umgebung von Regensburg, an denen ich als Kind, Jugendlicher und Student sammelte, sind die meisten zugebaut oder mit Büschen zugewachsen, und auf den

Bild oben: der Seerosenzünsler, ein Kleinschmetterling; unten das prächtige Rote Ordensband.

wenigen verbliebenen Restflächen muss man manche einst häufig vorkommende Arten gezielt suchen, um sie überhaupt noch zu Gesicht zu bekommen.

Ich bin Biodiversitätsforscher geworden, weil mich Vielfalt fasziniert und Einfalt langweilt. Ich bin Forscher geworden, um in der Vielfalt neue, bisher unbekannte Arten zu entdecken und für die Wissenschaft zu beschreiben. Dass ein vager Traum aus früher Kindheit sich solcherart erfüllen würde, war zu keinem Zeitpunkt vorhersehbar und ist für mich wie ein Glückstreffer im Lotto.

Aber dass mich eben diese Forschung einmal zum Sterbebegleiter unserer Artenvielfalt machen würde – auch das hätte ich mir nie träumen lassen.

Unheil ist im Anflug – sieben Thesen

1. Insekten sind systemrelevant

Aufgrund ihres Artenreichtums, ihrer schieren Masse und ihrer vielfältigen Spezialisierungen spielen sie tragende Rollen in den Ökosystemen.

2. Das Insektensterben ist keine Fiktion, sondern wissenschaftlich unstrittig

Eine Fülle von harten Fakten und Indizien fügen sich widerspruchsfrei zu einem schlüssigen Gesamtbild. Insektenarten, Insektenpopulationen und genetische Vielfalt schwinden auf lokaler, regionaler und globaler Ebene. Auch viele Allerweltsarten sind rückläufig und selbst Naturschutzgebiete sind davon nicht ausgenommen.

3. Das Insektensterben ist Teil eines globalen Massenaussterbens

Im Insektensterbens manifestiert sich ein Teilaspekt einer ökologischen Katastrophe von erdgeschichtlichem Ausmaß und einem noch deutlich größeren Gefahrenpotenzial als die Klimaerwärmung. Die Funktionalität der planetaren Ökosysteme und damit unsere eigene Existenzgrundlage sind bedroht.

4. Das Insektensterben ist multifaktoriell

Die *eine* Ursache oder den *einen* Verursacher des Insektensterbens gibt es nicht. Verschiedene Faktoren sind innig

miteinander verwoben und wirken in einer komplexen,
schwer zu durchschauenden Art und Weise zusammen.
Außerdem gibt es regionale Unterschiede im Ausmaß
und Ursachengefüge.

5. Die Hauptverursacher sind bekannt

Das Insektensterben ist in der Hauptsache vom Menschen
gemacht. Industrielle, intensive Landwirtschaft und Flächenfraß sind seine wichtigsten Triebkräfte in Deutschland.
Sie erzeugen monotone, chemisch belastete Landschaften,
verinselte Habitate und genetisch verarmende Restpopulationen.

6. Politik ist Teil des Problems

Ambivalente und ineffektive Gesetzgebung lässt die Hauptverursacher des Insektensterbens weitgehend unangetastet,
dafür wurden unter dem Deckmantel des Naturschutzes Hürden
für die Forschung errichtet. Der freie Fall selbst höchstgradig
geschützter Insektenarten, das Schwinden von Fachleuten
und Datenmangel sind logische Konsequenzen und empirischer
Beweis für gesetzliche Fehlkonstruktionen.

7. Es muss gehandelt werden – jetzt

Das Insektensterben gehört wegen seiner Dynamik und seines
Gefahrenpotenzials ganz nach oben auf die Agenda
internationaler, nationaler und regionaler Politik. Ungeachtet
weiterer Forschungsbedarfes sind die bereits vorhandenen Fakten
ausreichend, um notwendige Maßnahmen zu begründen.
Oberstes Gebot ist die Weichenstellung für einen Paradigmen-
wechsel in Landnutzung und -bewirtschaftung.
Auch alle Bürgerinnen und Bürger können wichtige Beiträge zu
einer Verbesserung der Situation leisten.

Teil I

Vom großen Insektensterben – und über die Bedeutung von Vielfalt

KAPITEL 1

Insekten: artenreich und unverzichtbar

Wir Menschen leben in einer vernetzten, stark technisierten Welt. Wie sehr unser tägliches Leben vom Funktionieren dieser Technik abhängt, zeigen gelegentliche Stromausfälle. Meist betreffen sie nur unsere Wohnungen, vielleicht das gesamte Haus. Wenn's ganz schlimm kommt, auch mal einen kompletten Straßenzug. Aber das war es zumeist schon: Ein, zwei Stunden ohne Strom sind unangenehm, bedrohlich sind sie nicht.

Was aber, wenn diese permanente Verfügbarkeit von Energie komplett zum Erliegen kommt? Ein Totalausfall nicht nur der Strom-, sondern der gesamten Energieversorgung – ohne dass ein Ende in Sicht wäre? Man kann sich mit viel Phantasie halbwegs ausmalen, was so ein Blackout bedeutet, was alles nicht mehr funktionieren würde: Die Informations- und Kommunikationskanäle brächen zusammen; Schienenfahrzeuge blieben stehen, Zapfsäulen lieferten keinen Sprit, Ampeln fielen aus, der komplette motorisierte Verkehr käme zum Erliegen.

In Krankenhäusern, Altenheimen, Dialysezentren, Arztpraxen und Apotheken wäre keine moderne medizinische Versorgung mehr möglich; Bankautomaten spuckten kein Geld mehr aus, Banken blieben geschlossen, das Bargeld ginge uns aus.

Ohne Lüftungsanlagen, Heizungen und Melkmaschinen verendeten in unserer industrialisierten Massentierhaltung Millionen Tiere innerhalb kurzer Zeit oder müssten notgeschlachtet werden – natürlich per Hand. Supermärkte erhielten keine Lieferungen mehr, Lebensmittel würden ohne Kühlung verderben.

Trinkwasser könnte nur noch mechanisch gepumpt werden. Für viele Regionen würde das Wasser knapp, Toiletten verstopften, die Gefahr von Seuchen würde wachsen.

Und das wäre erst der Anfang. Irgendwann wäre das Ende einer Zivilisation, wie wir sie einmal kannten, gekommen – und das alles nur, weil die Energie fehlt, der Wunderstoff, der unsere Welt am Laufen hält ...

Warum ich Ihnen das erzähle? Weil dieses Buch vor dem Hintergrund eines drohenden *Blackouts* geschrieben ist. »Unser« *Blackout* wird allerdings nicht technischer Natur sein; wovor wir stehen, ist eine ökologische Katastrophe. Denn so wie unsere heutige Zivilisation nur dann reibungslos funktionieren kann, wenn technische Schlüsseldienstleistungen – etwa die permanente und zuverlässige Versorgung mit Energie – bereitgestellt werden, läuft es auch in der Natur: Die Gemeinschaft der Lebewesen bildet ein dichtes, funktionelles Netzwerk, in dem alle Organismen zusammenwirken, direkt oder indirekt voneinander abhängig und aufeinander angewiesen sind. Zieht jemand an einer Schlüsselstelle »den Stecker«, erlebt die Natur ihren *Blackout* – und da wir Teil dieser Natur sind, sind wir mit dabei.

Die größte Tiergruppe der Welt

Ein dreigliedriger Körper (Kopf, Brust, Hinterleib), ein Außenskelett aus Chitin, Facettenaugen, ein paar Fühler und drei Beinpaare – das sind die Markenzeichen von Insekten. Sie sind ein uraltes Geschlecht, und sie waren die ersten Tiere, die fliegen lernten. Das älteste Fossil stammt aus der erdgeschichtlichen Periode des Devon und ist rund 400 Millionen Jahre alt; tatsächlich dürften die Insekten aber schon im Ordovizium, also vor etwa 480 Millionen Jahren, entstanden sein.

Unter allen höheren Lebewesen haben Insekten den mit Abstand größten Arten- und Formenreichtum hervorgebracht. Sie sind Erfolgsmodelle der Evolution und haben sich deshalb über Hunderte von Millionen Jahren nicht nur halten, sondern in einer unglaublichen Fülle diversifizieren und spezialisieren können – und sie haben alle Klimazonen sowie fast alle denkbaren Lebensräume an Land oder im Süßwasser erobert.

Nur wenige Spezies jagen in der Nähe der Küsten, an der Meeresoberfläche oder leben als Larve im Watt oder gar im Meer. Wie bei den meisten Landlebewesen ist der Arten- und Formenreichtum im Tropengürtel am größten und nimmt mit zunehmendem Abstand vom Äquator ab.

Manche haben sich an eng umrissene Bedingungen hochgradig angepasst, zum Beispiel an hohe Temperaturen, Trockenheit, oder nutzen nur ein enges Spektrum an Nahrungspflanzen (im Extremfall nur eine einzige). Solche »Spezialisten« sind in der Regel nicht weit verbreitet und reagieren meist sehr empfindlich auf Umweltveränderungen.

Im Gegensatz dazu sind Generalisten (die Allerweltsarten) in ihren Ansprüchen und ihrem Verhalten wenig spezialisiert. Sie können unterschiedliche Ressourcen nutzen und tolerieren Umweltveränderungen wesentlich besser als Spezialisten.

Rund 1 Million Insektenarten sind bisher wissenschaftlich beschrieben, und das ist wohl nur ein Bruchteil des wahren Ausmaßes. Konservative Hochrechnungen lassen vermuten, dass es auf der Erde mindestens weitere 6 Millionen bisher unentdeckte Insektenarten gibt; andere gehen davon aus, dass rund 98 Prozent aller Insektenarten unbekannt sind und ihre Gesamtzahl bei etwa 40 Millionen liegen könnte.[1] Die meisten dieser Arten verstecken sich in schwer zugänglichen, noch wenig erforschten Regionen, insbesondere in den Tropen, und so manche Art wird (oft genug wegen menschlicher Eingriffe) wieder verschwunden sein, bevor sie jemals für die Wissenschaft entdeckt wurde.*

---

* Exkurse wie der nachfolgende, vertiefen ein Thema; dieser Text wird auf S. 22 fortgesetzt.

Systematische Biologie bringt Ordnung in die Vielfalt

Die Wissenschaft von den Insekten heißt Entomologie (altgriech. éntomon, Insekt), ihre Erforscher nennen sich Entomologen. Sie untersuchen und beschreiben, welche Arten existieren, wie sie leben, welche Funktionen sie in der Natur »erfüllen« und ob sie uns nützlich oder schädlich sein können. Zentrales Anliegen der Biosystematik (nicht alle Entomologen arbeiten auch biosystematisch) ist es, die Vielfalt der Lebensformen zu identifizieren, ihre artspezifischen Merkmale herauszuarbeiten, sie von anderen Arten abzugrenzen und nach gemeinsamen und unterschiedlichen Merkmalen zu gruppieren.

Das wissenschaftliche System sollte im Idealfall nicht nur ähnlichkeitsbasiert sein, sondern auch die tatsächlichen verwandtschaftlichen Beziehungen (die Phylogenie) zwischen den einzelnen Rängen (den Taxa) widerspiegeln. Regeln zur weltweit eindeutigen wissenschaftlichen Namensgebung werden von der *Internationalen Kommission über zoologische Nomenklatur* festgelegt.

Biosystematik ist eine Basisdisziplin der Lebenswissenschaften: Sie liefert das Wissen, einzelne Arten eindeutig identifizieren und von anderen unterscheiden zu können.

Das ist die entscheidende Grundinformation für alle darauf aufbauenden, artbezogenen Forschungen – unter anderem auch für viele naturschutzfachlich relevante Untersuchungen wie die Erfassung des Bestands (Faunistik) und der Bestandsentwicklung der Arten einer Region.

Unser Wissen über die biologische Vielfalt und ihre Bedeutung wächst

Der schwedische Naturforscher Carl von Linné (Linnaeus, 1707–1778) ist der Begründer der wissenschaftlichen Benennung von Lebewesen und gilt als »Vater der modernen biologischen Systematik«.

Biosystematiker schaffen aus der bunten Fülle unterschiedlicher Arten (links) ein systematisch, möglichst nach echten Verwandtschaftskriterien geordnetes System (rechts).

mit der Entdeckung jeder einzelnen neuen Art weiter. Das rasante Artensterben unserer Zeit lässt allerdings befürchten, dass viele Arten aussterben werden, ohne der Wissenschaft jemals bekannt geworden zu sein.

Ist Artenvielfalt gleich Biodiversität?

Frei übersetzt heißt Biodiversität »Vielfalt des Lebens« (griech. bíos, Leben; lat. diversitas, Vielfalt, Verschiedenheit). Der Begriff wird häufig mit »Artenvielfalt« gleichgesetzt, was aber nur ein Teilaspekt ist. Tatsächlich umfasst der Begriff vier verschiedene Ebenen:

1. Genetische Diversität: die genetische Variabilität innerhalb einzelner Arten sowie die gesamte genetische Vielfalt einer Lebensgemeinschaft oder eines Ökosystems; hierzu auch Sortenvielfalt in freier Wildbahn oder bei gezüchteten Nutzpflanzen/-tieren.
2. Taxonomische Diversität: die Vielfalt an Arten und Verwandtschaftsgruppen innerhalb eines Ökosystems.
3. Ökologische Diversität: die Vielfalt an Biotopen und Ökosystemen.
4. Funktionale Diversität: die Vielfalt an Ökosystemfunktionen (z. B. Bestäubung).

Aber selbst mit »nur« einer Million Arten machen Insekten zwei Drittel bis 75 Prozent aller bekannten höheren Lebewesen aus (Tiere, Pflanzen, Pilze, höhere Einzeller), je nachdem wie hoch wir die Zahl der Pilze und höheren Einzeller annehmen, die noch viel mehr im Dunkeln liegt als die der Insekten. Demgegenüber fallen die Zahlen für Deutschland vergleichsweise niedrig aus. Hierzulande rechnet man mit ca. 33.000 verschiedenen Arten,[2] wobei auch das wohl nur die Untergrenze des tatsächlichen Artenreichtums ist. Die Hauptmenge an Arten entfällt dabei auf die »großen vier«: Hautflügler (Bienen, Wespen, Ameisen), Zweiflügler (Fliegen, Mücken), Käfer und Schmetterlinge, und damit auf die, die wir auch am häufigsten wahrnehmen.

Ein paar werden es schon schaffen: Metamorphose und Fortpflanzung

Insekten durchlaufen während ihrer Entwicklung zum geschlechtsreifen Tier eine Reihe von Jugendstadien, die sich in Körperform und Lebensweise vom fertigen Geschlechtstier (der Imago) unterscheiden – manchmal weniger (z. B. die Nymphen der Wanzen), manchmal sogar drastisch (z. B. Raupen und Puppen der Schmetterlinge). Den gesamten Prozess der Verwandlung zum Geschlechtstier nennt man Metamorphose.

Da das Außenskelett nicht mitwächst, müssen sich die Jugendstadien regelmäßig häuten, d. h. die alte, zu eng gewordene Körperhülle abstreifen. Die Imago selbst häutet sich dann nicht mehr und ist ausgewachsen. Ein kleiner Käfer ist also wirklich ein kleiner Käfer und nicht etwa ein junger Käfer, der noch wachsen muss.

Die Vermehrungsstrategie von Insekten unterscheidet sich radikal von derjenigen höherer Wirbeltiere. Letztere bringen nur wenige Nachkommen zur Welt, die mit hohem Aufwand und oft über mehrere Jahre hinweg großgezogen werden (Brutpflege).

Insekten hingegen setzten auf Massenvermehrung, frei nach dem Motto: »Ein paar werden es schon schaffen«; sie sorgen dabei allenfalls für optimale Startbedingungen für den Nachwuchs (Brutfürsorge). Daher ereilt die weitaus meisten Nachkommen das

Schicksal, vorzeitig zugrunde zu gehen. Das ist biologisch äußerst sinnvoll, da die Erde sonst rasch von Insekten überbevölkert wäre; so aber kommt ihnen als wichtige Futterressource eine tragende Rolle in den Nahrungsnetzen zu.

Üblicherweise befinden sich Insektenpopulationen im Gleichgewicht. Natürlich schwanken die Häufigkeiten einzelner Arten von Jahr zu Jahr etwas; das liegt an einer Vielzahl von Faktoren, unter anderem der Witterung oder der Bestandsentwicklung von Feinden.

Verschiedene Entwicklungsstadien des Schwalbenschwanzes: Larve (Raupe; u.l.), Puppe (oben), Imago (»fertiges« Insekt; u.r.).

Treffen günstige Umstände zusammen, neigen manche Arten wie Borkenkäfer oder Wanderheuschrecken zur zeitlich begrenzten Massenvermehrung (Gradation); diese bricht in der Regel von selbst wieder zusammen, weil in ihrem Verlauf Krankheiten, Fressfeinde und Nahrungsverknappung zunehmen.

Wichtig zu wissen: Wenn sich einzelne Arten auch in unseren Tagen bisweilen in Massen vermehren, darf dies nicht als Argument gewertet werden, dass es das Insektensterben nicht gäbe. Ähnlich fehl schlägt übrigens auch die Annahme, dass das Insektensterben von den Sammlern verursacht wird.

Insekten, wie der Braune Bär (Arctia caja), setzen auf Massenproduktion von Nachkommen. Wenn es nicht zur Massenvermehrung kommen soll, dürfen statistisch 99,9 Prozent aller Nachkommen nicht zur Fortpflanzung gelangen, sondern müssen vorzeitig durch Fressfeinde, Unfälle oder Krankheiten ums Leben kommen.

Insektensammeln – Emotionen und Fakten

Im Zeitalter des Artensterbens sehen manche Menschen das Insektensammeln kritisch; sie glauben, Sammler hätten daran einen wesentlichen Anteil oder würden den Rückgang zumindest beschleunigen. Dem ist nicht so: Im biologischen Kreislauf der Natur ist es das Schicksal der meisten Insekten, vorzeitig zu sterben.

So steht einigen wenigen hundert Sammlern in Deutschland (Wissenschaftlern und privaten Fachleuten) ein Millionenheer von Insekten fressenden Tieren sowie von Autofahrern gegenüber, die hierzulande pro Jahr etwa 800 Milliarden Kilometer zurücklegen. Vor diesem Hintergrund und der großflächigen Dezimierung durch die Einflüsse von Intensivlandwirtschaft und Flächenfraß, den maßgeblichen Ursachen des Insektensterbens (siehe Kapitel 4), ist der Einfluss von Sammlern auf die Bestandsentwicklung vernachlässigbar klein. Der Nutzen des Sammelns überwiegt die Entnahme einzelner Belegexemplare um viele Größenordnungen.

Ein nach wissenschaftlichen Kriterien aufgestellter Sammlungskasten mit Nachtschmetterlingen aus der Familie der Eulenfalter (Noctuidae).

Nicht sammeln wäre ein wissenschaftlicher Kunstfehler

Die Anlage und Erhaltung einer wissenschaftlichen Sammlung ist elementarer und unverzichtbarer Teil der entomologischen Forschung. Dazu werden der Natur einzelne, repräsentative Belegexemplare entnommen, in geeigneter Weise präpariert bzw. konserviert und mit einem Sammlungsetikett versehen, auf dem die wesentlichen Fundumstände angegeben sein müssen: wo, wann und von wem das Tier gefangen wurde. Zumindest die ersten beiden Angaben sind Elementarinformationen, ohne die der Beleg wissenschaftlich wertlos und das Tier umsonst gestorben wäre. Je mehr zusätzliche Informationen hinterlegt sind, umso besser und wertvoller ist der Beleg; man benutzt heute dazu in zunehmendem Maße Datenbanken.

Eine Reihe von Gründen machen das Sammeln einzelner Belegexemplare für die Forschung zwingend notwendig und unumgänglich:

Bestimmung   Nur etwa 50 bis 60 Prozent der heimischen Arten sind nach äußeren Merkmalen überhaupt erkennbar. Die Bestimmung der übrigen muss durch Sektion am toten Tier oder die Entnahme von Gewebeproben für genetische Untersuchungen erfolgen.

Vorhaltung von Belegen   Eine Sammlung dokumentiert unter anderem die innerartliche oder geografische Variationsbreite der einzelnen Arten sowie deren Verbreitung in Raum und Zeit. Oft hat sich schon herausgestellt, dass das, was frühere Forscher als eine einzige Art begriffen, in Wirklichkeit zwei oder mehr Arten sind; durch vorhandene Belege lässt sich nachvollzie-

Carl Spitzweg (1808–1885) malte den Schmetterlingsfänger als Nerd auf der Jagd nach dem Unbekannten. Auch wenn heutige Biodiversitätsforschung anders aussieht, überkommt die eingefangene Stimmung auch noch moderne Entdecker.

hen, wo diese verschiedenen Arten bisher nachgewiesen wurden. Auch für künftige Forschergenerationen, die möglicherweise ganz neue Verfahren einsetzen werden, sind Belege vorzuhalten. Im Übrigen sind Sammlungsexemplare gerichtsfeste Belege, etwa in Gutachterprozessen.

Überprüfbarkeit   von Befunden gehört zum »Kern« der Naturwissenschaft. Die Bestimmung richtig konservierter Sammlungsexemplare lässt sich auch noch im Abstand von Jahrhunderten nachprüfen, was beispielsweise bei kritischen oder fachlich suspekten historischen Lteraturangaben sehr oft nötig wird.

Von Schädlingen und Vorurteilen

Viele Menschen haben eine, vorsichtig ausgedrückt, ambivalente Beziehung zu Insekten. Sie tauchen nicht selten scheinbar aus dem Nichts auf, schauen uns aus starren Facettenaugen an und sind weit davon entfernt, schnurrende Kuscheltiere zu sein. Vielen sind viele Insekten nicht geheuer: Bestenfalls gelten sie als lästiges, wimmelndes Krabbelzeug, manchmal rufen sie sogar Ekel oder Furcht hervor. Die Kinofilme der *Alien*-Reihe, Science-Fiction-Horror vom Feinsten, spielen geschickt mit solchen Urängsten; das gut durchdachte Design und die Lebensweise der Weltraummonster und ihrer Entwicklungsstadien nimmt viele Anleihen bei parasitären und Staaten bildenden Insekten.

Auch wenn derartige Monster Phantasieprodukte sind – selbst die größten, jemals lebenden Insekten erreichten im feucht-warmen, »sauerstoffgesättigten« Karbon eine Flügelspannweite von

Der gefürchtete Borkenkäfer (*Ips typographus*) gehört zu den Forstschädlingen, der besonders die Fichte befällt und ganze Wälder zum Absterben bringen kann. Die modernen Monokulturen kommen ihm sehr entgegen. Seine Larven erzeugen typische Fraßmuster im Holz, die ihm den Beinamen »Buchdrucker« eingebracht haben.

maximal 70 Zentimetern – so ist es doch wahr, dass es unter den Insekten auch solche gibt, die uns bedeutenden wirtschaftlichen und gesundheitlichen Schaden zufügen können. Kleider- und Pelzmotte, Speck- und Museumskäfer zählen dazu, ebenso diverse Arten von Lebensmittelzünslern oder der »Holzwurm« (die Larven verschiedener Käferarten).

Wohl jeder Gartenbesitzer hat mit Blattläusen zu kämpfen. Pflanzenschädlinge können auch Virus- und Pilzerkrankungen auf Nutzpflanzen übertragen. Borkenkäfer oder Schwammspinner machen immer wieder Massenvermehrungen durch und bedrohen Wälder, Wanderheuschrecken als eine der biblischen Plagen können ganze Ernten vernichten.

Stechende und blutsaugende Insekten wie Flöhe, Läuse, Bremsen oder Stechmücken sind nicht nur lästig, sondern oft genug auch Überträger schwerer Krankheiten: Pest, Malaria, Denguefieber, Schlaf- und Chargaskrankheit, Leishmaniose, Wurmerkrankungen und vieles mehr gehen auf ihr Konto und verursachen damit millionenfaches Leid.

Durch eine immer enger zusammenwachsende Welt werden solche Krankheitsüberträger rund um den Globus verschleppt. Ausbrüche von Dengue und Malaria in Europa sind somit keine Folge des Klimawandels, sondern der Globalisierung. Letztere beschert uns auch eingeschleppte Arten wie den Buchsbaumzünsler *(Cydalima perspectalis)*, die, wenn sie hier Fuß fassen, meist keine natürlichen Feinde haben und sich deshalb so lange hemmungslos ausbreiten können, bis sich Gegenspieler an die neue Nahrungsquelle anpassen.

Doch auch hier gilt: Jede Art erfüllt im Ökosystem ihren jeweiligen »Zweck«, und es liegt nicht an uns, darüber zu befinden, welche Art wir als »überflüssig« erachten und welche nicht. Für das Interesse von Insektenforschern sind derartige Einteilungen und Wertungen ohnehin zumeist irrelevant, wie die nachfolgenden Top Ten unterstreicht – eine ganz persönlich gefärbte Liste meiner Lieblinge zum Staunen und Schmunzeln.

Meine ganz persönlichen Top Ten der Insekten

10 Die Blaugrüne Mosaikjungfer (*Aeshna cyanea*)

Die Blaugrüne Mosaikjungfer gehört zu den Großlibellen und ist weit verbreitet. Immer, wenn ich sie sehe, muss ich daran denken, welch uralte Tierklasse die Insekten doch sind. Im Zeitalter des Karbon, vor 359 bis 299 Millionen Jahren, schwirrten ursprüngliche Verwandte der Libellen, die Meganeura, durch die Schachtelhalm-, Bärlapp- und Farnwälder. Ihr Aussehen ähnelte sehr den heutigen Libellen, und auch ihre Lebensweise war genauso räuberisch, doch waren sie von wahrhaftem Riesenwuchs und erreichten Flügelspannweiten von 65 bis 70 Zentimetern – zu ihrer Zeit die unumschränkten Könige der Lüfte.

9 Die südamerikanische Wanderameise (*Eciton spp.*)

Wanderameisen sind die »Warlords« des tropischen Regenwalds: aggressive Nomaden, die in riesigen Heerzügen von oft über 100.000 Individuen umherstreifen, stets auf der Suche nach Beute in Form von Insekten, Spinnen und anderen Kleintieren. Ameisenvögel (Thamnophilidae) und andere Vogelarten begleiten die Heerzüge und haben sich darauf spezialisiert, aufgescheuchte Kleintiere zu fangen.

Speziell gebaute Soldaten bewachen das mobile Nest und die Heerzüge; sie sind wesentlich kräftiger als die Arbeiterinnen und mit furchterregenden Kieferzangen bewehrt. Indigene Volksgruppen nutzen sie zu chirurgischen Zwecken: Um kleinere klaffende Wunden zu nähen, setzt man Soldaten an den Wundrändern an und wenn sie zubeißen, wird der Körper vom Kopf abgedreht – und fertig ist die umweltfreundliche Bio-Wundklammer. Ihr Speichel ist zudem antiseptisch.

8 Das Fensterfleckchen
(Draconia rusina)

In der Natur ist Einfallsreichtum gefragt, um zu überleben. Das Fensterfleckchen, ein Nachtfalter, benutzt dazu einen raffinierten Trick: Es ahmt in schier unglaublichen Details ein im fortgeschrittenen Stadium der Verrottung befindliches, zerfressenes und von Pilzen befallenes Laub nach und setzt es im Licht- und Schattenspiel des südamerikanischen Regenwaldes perfekt in Szene.

7 Die Orchideen-Mantis
(Hymenopus coronatus)

Tarnen, tricksen und täuschen beherrscht auch die Orchideen-Mantis perfekt. Diese Fangschrecke ahmt in Färbung und Körperform perfekt den Teil einer Orchideenblüte nach und lauert auf einer solchen auf Beute. Nähert sich diese ahnungslos, schnellen die dornenbewaffneten Fangbeine blitzschnell vor, und für das Opfer gibt es in der Regel kein Entrinnen. Aus menschlicher Sicht ganz schön gemein – und dennoch ist es staunenswert, welche »Blüten« die biologische Evolution hervorzubringen vermag.

6 Der Mückenhaft
(Hylobittacus apicalis)

... aus der wenig bekannten Gruppe der Schnabelfliegen (Mecoptera) zeigt ein faszinierendes Balzverhalten. Um sich zu paaren, fängt das Männchen ein Beutetier, hängt sich mit den Vorderbeinen in die Vegetation und präsentiert seinen Fang mit den Hinterbeinen einem Weibchen. Das fängt an zu fressen, und die Paarung beginnt. Dauer und

Erfolg werden durch die Größe des Hochzeitsgeschenks bestimmt. Je größer die Beute, desto länger frisst das Weibchen und desto länger, also erfolgreicher die Kopulation.

Unter solchen Voraussetzungen kommt es schon auch vor, dass sich die Männchen gegenseitig bestehlen. Manche ahmen sogar ein Weibchen nach, um eine fette Beute arglos überreicht zu bekommen; mit der halten sie dann selber um die Hand einer Angebeteten an.

Bei Mückenhaften geht es also so arglistig zu wie im richtigen Leben.

5   Der madagassische Langrüssel-Schwärmer *(Xanthopan morganii praedicta)*

Eines der faszinierendsten Beispiele dafür, wie sich manche Insekten und Blütenpflanzen gegenseitig in ihrer Evolution beeinflusst haben, ist die rund 7 Millionen Jahre alte intime Beziehung zwischen einem Nachtschwärmer und seiner Blume.

Die madagassische Sternorchidee *(Angraecum sesquipedale)* besitzt einen bis zu 30 Zentimeter langen Blütensporn, dessen Nektar für die meisten Insekten daher unerreichbar ist (jedenfalls auf legalem Wege). Lange rätselte man über die Natur des zunächst unbekannten Bestäubers, vermutete schließlich einen Nachtfalter mit extrem langem Saugrüssel – und entdeckte ihn schließlich im frühen 20. Jahrhundert. Der wissenschaftliche Name *praedicta* bedeutet »die Vorhergesagte«.

4   Die Tsetsefliege *(Glossina spp.)*

Die in Afrika heimischen Tsetsefliegen sind Überträger gefürchteter Krankheiten wie der Schlafkrankheit – und genau deswegen die Beschützer eines der letzten großen Naturparadiese der Erde: Es ist ihnen zu verdanken, dass der Mensch die Serengeti bisher nicht besiedelt hat – ein Hoch auf die Tsetsefliegen!

Außerdem sind die Tierchen indirekt die Erfinder

des Zebrastreifens – und zwar des Originals! Das auffallende Fellmuster der Zebras ist nämlich eine evolutionäre Anpassung an die Bedrohung durch die Krankheitsüberträger. Tatsächlich verschwimmt das schwarz-weiße Muster in den Augen von Fliegen; sie meiden solche Flächen, daher werden Zebras nicht so oft gestochen, erkranken also auch nicht so häufig an von den Fliegen übertragenen Tierseuchen.

3 Die Honigbiene

Honigbienen sind soziale Insekten, die Brutpflege und Vorratshaltung betreiben und einen Staat bilden, der wie ein hochkomplexer Superorganismus funktioniert. Durch Gene und Botenstoffe gesteuerte Regulationsvorgänge sorgen für ein hohes Maß an Organisation und ebenso differenzierter wie flexibler Arbeitsteilung.

Einzigartig ist die Tanzsprache der Bienen, die bereits in der Antike von Aristoteles beschrieben und von dem Verhaltensforscher Karl von Frisch wissenschaftlich untersucht und in den wesentlichen Zügen entschlüsselt wurde – wofür er den Nobelpreis erhielt. Durch eine Kombination aus gerichteter Bewegung und Duftstoffen übermitteln tanzende Bienen wichtige Informationen an das Volk, namentlich das Vorkommen von Nahrungsquellen, die Art, die Ergiebigkeit und Qualität der Nahrung, und bei weiter entfernt liegenden Quellen auch die Angabe der Richtung.

Die Arbeitsbienen durchlaufen in ihrem Leben Stationen mit unterschiedlichen Aufgaben, zunächst innerhalb des Stocks und später als Kundschafter und Sammlerinnen von Pollen, Nektar oder Wasser. Je nach Angebot und Verfügbarkeit von Nahrung, aber auch abhängig von den Pollenvorräten im Stock sind die Bienen in der Lage, verschiedene Mengen an Pollen- und Nektarsammlerinnen zu rekrutieren.

Als sogenannte Beinsammler besitzen sie an den Hinterbeinen spezielle Strukturen zum Pollentransport, wo sie ihn zu den bekannten »Höschen« packen. Nektar wird in der Honigblase (»Honigmagen«) gesammelt und nach Hause gebracht.

Die männlichen Bienen (Drohnen) besitzen nur den halben Chromosomensatz, und die Königin vermag den Samen nach der Paarung bis zu vier Jahren aufzubewahren.

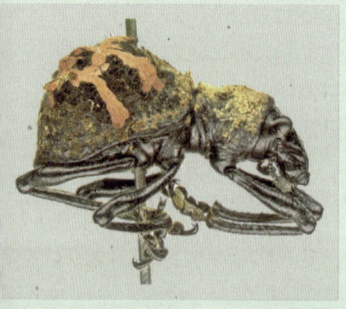

2   Der *Pantorhytes*-Rüsselkäfer

In der indo-australischen Region spazieren in Gestalt verschiedener Rüssel- und Rindenkäfer ganze Mini-Ökosysteme durch den Regenwald! Die flugunfähigen Käfer der Gattung *Pantorhytes* tragen auf ihrem Rücken eine Kultur von Flechten und Moosen herum; jede Käferart hat ihre eigene Flora, und jedes dieser »Miniaturwäldchen« ist Heimstatt von winzigen Tieren wie Milben, Staubläusen, Fadenwürmern, Rädertierchen sowie von Kieselalgen und Mikroben. Milben und Staubläuse sind vermutlich dafür verantwortlich, dass frisch geschlüpfte Käfer sich mit den Flechten und Moosen infizieren.

1   Puschel, der *Cheerleader*-Falter

»Puschel« lebt im tropischen Regenwald von Perú, und ich bin ihm erst zweimal begegnet. Dieser kleine, unscheinbare Schmetterling fasziniert mich wegen seiner ungewöhnlichen Gestalt. Seine langen Hinterbeine erinnern an eine Heuschrecke. An allen sechs Beinen sitzen Kränze flauschiger Haarbüschel (daher der inoffizielle Name, den ich ihm gegeben habe); als ich den Falter das erste Mal sah, wie er damit ausgestattet um die Lampe tanzte, schoss mir spontan der Vergleich mit *Cheerleadern* durch den Kopf.

Wozu das alles gut ist, hat sich mir noch nicht erschlossen, und überhaupt habe ich erst wenige Informationen über ihn. Ich weiß, dass er nachtaktiv ist und zur riesigen Gruppe der Palpenfalterartigen (Gelechioidea) gehört, kenne auch seinen individuellen genetischen Fingerabdruck – aber der ist von anderen bekannten Arten so verschieden, dass er mir keine detaillierte Auskunft darüber gibt, wer »Puschel« eigentlich wirklich ist, welches seine nächsten Verwandten sind und ob er überhaupt einer schon bekannten Art angehört. Gerne möchte ich »Puschel« besser verstehen lernen und, falls es noch kein anderer vor mir bereits getan hat, diese Art auch für die Wissenschaft beschreiben.

Warum wir Insekten dringend brauchen

Eher eine Minderheit von Insekten hat ein positives Image, allen voran die Honigbiene. Auch Schmetterlinge werden in der Regel wohlwollend wahrgenommen, weil sie (meistens) harmlos sind und durch ihre Leichtigkeit und die bunten Farben begeistern.

In Religionen wird ihre Verwandlung von der Raupe zur Puppe und schließlich zum vollendeten Schmetterling oft als Sinnbild für das Weiterleben des Menschen nach dem Tod gebraucht. (Auch wenn diese Allegorie nicht wirklich stimmig ist, denn die Metamorphose ist lediglich ein Umbauprozess, bei dem niemand zu Tode kommt, schon gar nicht die sich wandelnde Raupe …).

Um es nochmals zu betonen: Ganz unabhängig von unserem subjektiven Eindruck haben Insekten einen *objektiv* entscheidenden Anteil am Funktionieren der Natur: Insekten spielen aufgrund ihres Artenreichtums, ihrer schieren Masse und ihrer vielfältigen Spezialisierungen tragende Rollen in vielen Ökosystemen der Erde. Sie besetzen zahlreiche, fundamentale Schlüsselpositionen und sind daher systemrelevant, und zwar als:

... Bestäuber

Rund 90 Prozent der Blütenpflanzen sind auf Bestäubung durch Insekten angewiesen; nur wenige andere Tiere, wie zum Beispiel einige Vögel und sogar Säugetiere treten als Bestäuber in Erscheinung. Die intime Beziehung zwischen Insekten und Blütenpflanzen ist das Ergebnis von Millionen Jahren gemeinsamer Evolution, in der sich wechselseitige Abhängigkeiten herausgebildet haben; mitunter ist sie so spezifisch, dass eine bestimmte Pflanzenart auf Bestäubung durch ein bestimmtes Insekt angewiesen ist.

Bestäubung durch Insekten ist ein Geschäft zu beiderseitigem Nutzen. Die Pflanzen sichern sich die Fortpflanzung und die Insekten erhalten im Gegenzug Nahrung: Pollen als Quelle von Proteinen und Nektar als Quelle von Kohlehydraten.

Der Bienenfresser (*Merops apiaster*) hat sich auf Stechimmen als Nahrung spezialisiert.

... Nahrungsquelle

Insekten sind nahrhaft. Ein Millionenheer von kleineren und größeren Tieren hat es daher auf sie abgesehen: Spinnen und andere Gliederfüßer, Fische, Amphibien, Reptilien, Fische, Singvögel, Kleinsäuger, Fledermäuse, selbst große Tiere wie Ameisenbär, Primaten und durchaus auch der Mensch.

Vor allem sind es aber auch Insekten selbst, die ihren Verwandten nachstellen, sei es als Räuber (z. B. Libellen), als Parasiten, die ihre Wirte schwächen (aber nicht töten), oder als Parasitoide (z. B. Schlupfwespen), die am Ende ihrer Entwicklung den Wirt töten. Es gibt sogar Schlupfwespen, die in Schlupfwespen parasitieren, die in anderen Insekten parasitieren (Hyperparasitismus).

In der Natur herrscht ein ausgewogenes Gleichgewicht zwischen den Organismen, welches das Verhältnis der Arten zueinander reguliert. Insekten übernehmen dabei eine tragende Rolle in den Nahrungsnetzen: Durch ihre Vielfalt und Masse sind sie Futter für viele Kleintiere, von denen wiederum größere Tiere leben, bis hin zu den Enden des verwobenen Ganzen, wo sich unter anderem auch der Mensch befindet.

Fallen Insekten als Nahrungsquelle aus, wirkt das wie ein Dominoeffekt bis in die feinsten Bereiche des Nahrungsnetzes zurück; es wird von der Basis her löchrig, anfällig für Störungen und kann sogar reißen, was den Kollaps des Ökosystems bedeuten würde.

Dieses Geschehen kann mit einer Pyramide von Konservendosen verglichen werden, die im Supermarkt aufgestapelt ist; fängt ein Schelm an, ganz unten eine Dose nach der anderen herauszunehmen, dauert es nicht lange, bis die Pyramide teilweise oder, wenn es dumm läuft, sogar ganz in sich zusammenstürzt. Nichts anderes droht in der Natur, wenn eine Art nach der anderen ausstirbt – trifft es die entscheidenden Leistungsträger (die wir bis heute noch nicht einmal vollständig benennen können!), bricht alles zusammen.

... Recycler und Regulierer (von Energie- und Nährstoffflüssen)

Insekten sind an vorderster Front an der Beseitigung und Minera-
lisierung von Tierkadavern beteiligt. Ein totes Tier, auf dem Flie-
genmaden und Käfer wimmeln, ist kein schöner Anblick, aber: Sie
gehören zu den wenigen Organismen, die Enzyme wie Kollagenasen
und Keratinasen besitzen und dadurch in der Lage sind, Aas zu
fressen, zu verflüssigen und es für Mikroorganismen aufzuschlie-
ßen. Auf diese Weise verschwindet der Kadaver um ein Vielfaches
schneller, als wenn Pilze und Mikroorganismen alleine die Arbeit
erledigen müssten.

Auch Federn, Haare, Hautschuppen und Wolle werden von darauf spezialisierten Insekten recycelt, zum Beispiel von der Klei-
dermotte.

Andere Arten befreien uns von Kot und wandeln ihn in
proteinreiche Biomasse um; allein in den USA wird der Wert der
Arbeitsleistung von Dungkäfern auf 2 Milliarden USD/Jahr geschätzt.[3]

Auch Nahrungsabfälle unserer
Zivilisation werden bevorzugt von
Insekten aufgeräumt, und so wird
die Massenvermehrung von Ratten, Tauben und anderen Tieren,
die aus unserer Sicht Schädlinge
sind, verhindert.

Schließlich spielen Insekten bei
der Beseitigung von abgestorbenen
Pflanzen einschließlich Totholz
eine wichtige Rolle. Spezialisierte
Pioniere besiedeln frisch abgestor-
benes Holz, lösen Rinde, bohren
Gänge und erschließen dadurch
den Holzkörper für die Besiedlung

Ein Dungkäfer rollt die Kinderstube für seinen künftigen
Nachwuchs durchs Gelände.

durch weitere Insekten und andere Organismen. In mehreren Zer-
setzungsphasen, jede auch unter Beteiligung zahlreicher Insektenarten, wird das Holz schließlich zu Mulm, in dem wiederum Insekten

und andere Wirbellose leben. In den Tropen sind Termiten ebenso bekannte wie gefürchtete Holzzerstörer.

Die Ausscheidungsprodukte der Insekten – oder von Tieren, die von Insekten leben – sind ihrerseits Substrat für Mikroorganismen, die diese Materie wieder für andere Organismen aufschließen und verfügbar machen. Außerdem sind Insekten selbst Überträger von Mikroorganismen, die wichtige Zersetzer (Destruenten) sind.

Im Boden lebende Insekten graben Gänge, schichten Material von unten nach oben um und umgekehrt; so sorgen sie für Durchlüftung, Materialumlagerung und Nährstofftransport im Boden.

… Landschaftsgärtner

Insekten befallen gerne kränkliche Pflanzen und sorgen so für Auslese. Ein geschwächter Baum ist beispielsweise Anziehungspunkt für Borkenkäfer. Infolge des Befalls stirbt er schließlich ab; so entsteht Totholz als Nahrungsquelle für andere Organismen und der Wald wird ausgelichtet, erhält dadurch die Chance, sich zu verjüngen. Ungesunde Monokulturen werden auf solche Weise umgewandelt, wie es am Beispiel des großen Borkenkäferbefalls im Nationalpark Bayerischer Wald eindrucksvoll belegt ist.

Außerdem sind mehr als 3.000 Pflanzenarten bekannt, die auf Verbreitung ihrer Samen (auch) auf Insekten, vorwiegend Ameisen, setzen.[4]

… Dienstleister für den Menschen

Aktivitäten von Insekten kommen in vielfacher Hinsicht auch dem Menschen zugute, und ihre Dienstleistungen sind nicht selten pures Geld wert:

Welternährung Rund drei Viertel unserer Nutzpflanzen sind ausschließlich oder vornehmlich auf Insektenbestäubung angewiesen (manche Angaben sprechen sogar von 84 Prozent). Der wirtschaftliche Nutzen ist enorm: Bestäuber erzeugen weltweit Nahrungsmittel im Wert von mindestens 153 Milliarden Euro. In Deutschland ist die Honigbiene nach Rindern und Schweinen das ökonomisch drittwichtigste Nutztier.

Angesichts der ständig wachsenden Weltbevölkerung werden Insekten als wichtiges Nahrungsmittel der Zukunft propagiert. Sie sind äußerst proteinreich, enthalten viele Vitamine und Mineralien, sind besser verträglich als Fleisch und lassen sich auch viel kostengünstiger und platzsparender produzieren.

Produktion von Naturstoffen Bienen und bestimmte Schmetterlinge werden schon seit Alters her als Nutztiere gehalten. Erstere produzieren (neben Honig) Wachs und Propolis. Naturseide gewinnt man aus den Kokons des Seidenspinners (und einiger anderer Spinnerarten). Aus Ausscheidungen der Lackschildlaus *(Kerria lacca)* werden Schellack und Färberlack gewonnen, der Farbstoff Karmin – als Lebensmittelfarbe E 120 unter anderem in roten Lippenstiften enthalten – wird aus bestimmten Schildläusen extrahiert.

Forensik Insekten dienen sogar als Hilfssheriffs bei ungeklärten Todesfällen. Die Besiedelung von Leichen erfolgt durch unterschiedliche Arten zu verschiedenen Zeitpunkten;

Frittierte Heuschrecken (oben) und Seidenspinner *(Dombyx mori,* Männchen) auf einem Kokon.

Abfolge und Entwicklungszustand ihrer Jugendstadien geben Auskunft über die Leichenliegezeit. Sind Arten darunter, die am Ort des Leichenfunds nicht vorkommen, kann dies hilfreich sein für die Eingrenzung desjenigen Orts, an dem der Tod eintrat. Toxikologische Analysen der Insekten liefern gegebenenfalls Informationen über den Gebrauch von Medikamenten, Drogen und Giften, auch wenn der Leichnam selbst schon stark zersetzt ist.

Biologische Schädlingsbekämpfung Insekten sind oft sehr spezifisch in ihrer Futterwahl. Auf diese Weise helfen sie, Bestände sogenannter Unkräuter in Schach zu halten. Ein gutes Beispiel ist die aus Amerika eingeschleppte Ambrosia-Pflanze *(Ambrosia artemisifolia)*, die sich bei uns mangels Feinden rapide ausbreitet und

Marienkäfer vertilgen mit Vorliebe Blattläuse und werden gerne in der biologischen Schädlingsbekämpfung eingesetzt.

aufgrund ihres allergenen Potenzials ein zunehmendes Problem in Europa darstellt. In Amerika lebt unter anderem der Blattkäfer *Ophraella communa* von ihr; dieser ist inzwischen ebenfalls in Europa eingeschleppt – und man hat in Norditalien und der Schweiz beobachtet, dass die Ambrosia durch den Befall mit dem Blattkäfer merkbar zurückgedrängt wird.[5]

Räuberische oder parasitische Insekten werden sehr erfolgreich bei der biologischen Schädlingsbekämpfung eingesetzt. Schlupfwespen befallen zum Teil hochspezifisch andere Wirte, Marienkäfer und Florfliegen haben räuberische Larven, die unter anderem Blattläuse und andere Schadinsekten fressen.

Medizin und Pharmakologie Auch wenn es unappetitlich klingt, ist es doch nutzbringend: Lebende Schmeißfliegenmaden können sehr effektiv nekrotisches Gewebe entfernen und werden so erfolgreich zur Remission schlecht heilender Wunden eingesetzt; nebenbei haben sie auch noch antibakterielle Eigenschaften.

Überhaupt ist man erst in neuerer Zeit darauf aufmerksam geworden, dass Insekten eine Quelle medizinisch interessanter Wirkstoffe sein können: Antibakterielle, antivirale, entzündungshemmende, krebshemmende Eigenschaften wurden bereits entdeckt und sind Gegenstand der aktuellen Forschung.

Forschung Insektenbiotechnologie ist ein noch junger Forschungsbereich mit einem gewaltigen Potenzial. Möglicherweise können wir von Insekten lernen, mit Krankheitserregern fertig zu werden, gegen die wir bisher kein Heilmittel haben. Der Asiatische Marienkäfer *(Harmonia axyridis)* hat zum Beispiel ein robustes Immunsystem, das die Humanmedizin manches lehren könnte.

Die genetische Forschung wäre ohne Insekten bei Weitem nicht auf dem Stand von heute. Die Fruchtfliege *(Drosophila melanogaster)* ist ein nicht wegzudenkender Modellorganismus, dem wir unter anderem die Entschlüsselung des genetischen Codes verdanken.

Chemische Kriegsführung – zu unserem Nutzen Haben Ihnen Kräutertees, Pflanzenextrakte, Kiefernnadel- und Minzöl schon bei Kopfschmerzen und Erkältungen geholfen? Dann sollten Sie sich dafür nicht nur bei den Pflanzen bedanken, sondern auch bei den Insekten. Denn viele der sogenannten sekundären Inhaltsstoffe, die für uns wohltuend oder gar heilend sind, haben die Pflanzen nicht einfach aus »Jux und Dollerei« erfunden; sie sind vielmehr Ergebnisse eines erbitterten chemischen Abwehrkampfes, den sie gegen Insekten führen. Viele Insekten sind Pflanzenfresser, und die Pflanzen wiederum versuchen, mit den ihnen zur Verfügung stehenden Mitteln zu vermeiden, gefressen zu werden. Bestimmte chemische Inhaltsstoffe und klebriges Harz sind solche Abwehrwaffen, entwickelt und entstanden infolge eines Wettrüstens, das schon so lange andauert, wie es Pflanzen und Pflanzen fressende Tiere gibt.

Im Verhältnis von Pflanzen und Insekten gibt es also nicht nur die »romantische Liebesbeziehung« zwischen Biene und Blume, sondern auch eine dunkle Seite. Und wenn sich zwei streiten, freut sich bekanntlich der Dritte – in diesem Fall Tiere und Menschen, die die Pflanzenapotheke nutzen.

Eine Welt ohne Insekten

Wie in den folgenden Kapiteln 2 bis 4 noch ausführlich gezeigt wird, stellen Forscher einen zunehmenden (menschengemachten) Rückgang an Insektenarten und ein rapides Schwinden ihrer Biomasse fest.

Brechen die Insekten weg, entstehen uns daraus direkte wirtschaftliche und gesundheitliche Nachteile. Außerdem werden vielfältige Kaskadeneffekte in den Ökosystemen ausgelöst, die aufgrund ihrer Komplexität kaum zu überblicken sind, uns aber sicher nicht zum Vorteil gereichen werden; erst recht nicht im Zusammenspiel mit anderen globalen Gefahren wie zum Beispiel dem Klimawandel.

Und schließlich steht dabei auch die Frage nach unserer ethischen Verantwortung im Raum.

Wir verstehen noch immer nicht genau, was das komplette Aussterben der Insekten bedeuten würde; nach wie vor sind die Vorgänge und Prozesse in komplexen Ökosystemen und Lebensgemeinschaften zu wenig durchschaubar. Der mehrfach ausgezeichnete US-amerikanische Evolutionsbiologe und Entomologe Edward O.

Der Anblick bunter Obst- und Gemüsesorten ist für uns selbstverständlich, doch würde ohne bestäubende Insekten von dieser Fülle kaum noch etwas verfügbar sein ...

Wilson, der unter anderem dem Begriff »Biodiversität« zum Durchbruch verhalf, vertritt jedenfalls die Auffassung, dass die Menschheit dann nur noch zehn Jahre zu leben hätte. Selbst wenn man, wie ich, derart düstere Prognosen mit gewisser Zurückhaltung betrachtet, ist unbestritten, dass eine Welt ohne Insekten eine Welt wäre, in der wir langfristig keine guten Überlebenschancen hätten.

Wie könnte sie also aussehen, unsere Welt ohne Insekten?

Zuerst einmal müssten wir uns auf ein reduziertes Sortiment an Obst und Gemüse einstellen. Denn: Das Gedeihen einer Vielzahl nahrhafter und gesunder Feldfrüchte hängt von tierischen Bestäubern ab. Fallen sie aus, sind manche Produkte gar nicht mehr verfügbar. Andere Nutzpflanzen, wie Erdbeeren oder Soja, sind zwar nicht ausschließlich auf Insektenbestäubung angewiesen, aber ohne diese verschlechtern sich Ertrag, Qualität und Haltbarkeit erheblich. Unsere pflanzliche Ernährung würde sich somit notgedrungen im Wesentlichen auf Getreide konzentrieren, welches durch den Wind bestäubt wird. Die in Obst und Gemüse enthaltenen Vitamine, Antioxidantien und anderen Inhaltsstoffe könnten durch Vitaminpillen aus dem Chemielabor nur unvollkommen kompensiert werden. Schließlich ist zu bedenken, dass sich zahlreiche wichtige Futterpflanzen für unsere Nutztiere durch Insektenbestäubung vermehren. Brechen sie weg, sinkt auch die Erzeugung zum Beispiel von Milch- und Fleischprodukten. Kurzum: Bei einem Ausfall der Insekten wäre Mangelernährung vorprogrammiert.

Ohne Insekten sterben obligatorische Insektenfresser aus. Fakultativ, also hin und wieder, von Insekten lebende Tiere überleben zwar (zumindest vorerst), konkurrieren dann aber massiv um die verbliebenen nutzbaren Nahrungsressourcen. Viele Süßwasserfische ernähren sich beispielsweise zu einem großen Anteil von Insekten (zu 40–90 Prozent). Man mag sich nicht vorstellen, was das Wegbrechen dieser Ressource für Fische bedeutet – und für uns, und das nicht nur, weil der Fisch ausgeht …

Das große Los zögen hingegen Ratten. Auch wenn Insekten als Überträger schwerer Krankheiten gelten, wird doch oftmals übersehen, dass sie damit nicht nur den Menschen, sondern auch opportunistischen, d.h. schnell auf veränderte Umweltbedingungen reagierenden, Schädlingen zusetzen. Ohne Insekten als Krankheitsüberträger würden sich Ratten und andere Nager massiv vermehren und uns das Leben schwerer machen, als sie es ohnehin schon tun.

Fallen Insekten als Beseitiger von Kadavern, Kot und Detritus (zerfallende Substanzen) aus, springen umso mehr Pilze und Bakterien in die Bresche. Das Recycling toter Materie dauert länger, die Gefahr von Seuchen wächst, unsere Welt wäre eine Welt voll von Schimmel und Fäulnis. Australien, wo der Mensch Schafe und

Rinder als Nutztiere eingeführt hat, kann als mahnendes Beispiel dienen: Weil es dort natürlicherweise keine Dungkäfer gibt, die auf die Beseitigung von Kot von Wiederkäuern spezialisiert sind, drohte das Land an deren Ausscheidungen zu ersticken. Erst als nordamerikanische und afrikanische Dungkäfer gezüchtet und freigesetzt wurden, bekam man das Problem in den Griff.

Insekten sorgen aber auch dafür, dass tierische Schadorganismen und Unkräuter, einschließlich solchen, die Allergien auslösen können, in Schach gehalten werden. Fallen sie weg, bliebe nur noch ein Mehr an Chemie und Pestiziden. Dabei ist deren Einsatz schon jetzt exorbitant – mit allen Risiken und Nebenwirkungen für Mensch und Umwelt.

Last, but not least sei hier noch der weitere Rückgang der Artenvielfalt erwähnt. Monotonie statt Vielfalt hieße der neue Slogan. Die Natur würde zunehmend verstummen; keine bunten Falter gaukelten mehr über reichhaltig blühende Wiesen; keine schimmernden Libellen jagten mehr über die Teiche und Flüsse. Ob das unserer Seele wohl gut täte?

Die Sorge um das gemeinsame Haus

So weit wie gerade geschildert muss es zum Glück nicht kommen. Aber wir müssen dringend aufhören, Gefahren zu ignorieren oder ein Gegensteuern auf die lange Bank zu schieben. Das Insektensterben ist, wie im folgenden Kapitel detailliert gezeigt werden wird, Realität. Dass es keine Laune der Natur ist, die vorübergeht, und schon gar kein »Ereignis«, das uns egal sein kann, ist aus den bislang zu Papier gebrachten Daten und Fakten ersichtlich. Hoffentlich.

Diese globale Krise hat aber nicht nur eine materielle Seite. Wir haben nur diesen Planeten, und als vernunftbegabte Lebewesen haben wir ihm und seinen Geschöpfen gegenüber eine ethisch-moralische Verantwortung. Davon bin ich zutiefst überzeugt. Angesichts der Tatsache, dass es mittlerweile nicht mehr allzu gut um unsere Umwelt, unseren Planeten steht – man vergesse nicht, dass wir uns neben einer Krise der Artenvielfalt auch in einer Klima- und Bodenkrise befinden –, erwächst für alle Entscheidungsträger, aber auch für jeden Einzelnen von uns, die Verpflichtung, den Umgang mit der Erde und uns selbst grundsätzlich zu überdenken.

Das Oberhaupt der katholischen Kirche, Papst Franziskus, hat zum Thema Umwelt- und Klimaschutz im Jahr 2015 die Enzyklika *Laudato si' – Über die Sorge um das gemeinsame Haus* publiziert. Darin findet sich unter anderem auch die folgende Passage:

»Jedes Jahr verschwinden Tausende Pflanzen- und Tierarten, die wir nicht mehr kennen können, die unsere Kinder nicht mehr sehen können, verloren für immer. Die weitaus größte Mehrheit stirbt aus Gründen aus, die mit irgendeinem menschlichen Tun zusammenhängen. Unseretwegen können bereits Tausende Arten nicht mehr mit ihrer Existenz Gott verherrlichen, noch uns ihre Botschaft vermitteln. Dazu haben wir kein Recht.«

Sorgen wir also dafür, dass diese Erde der Ort bleibt, der er noch immer ist: eine faszinierende blaue Kugel im All, eine perfekt ausbalancierte Heimat für Abermilliarden von Lebewesen oder schlichtweg die bestmögliche aller Welten.

KAPITEL 2

Hummel, Biene & Co. im Sinkflug

Im Sommer 2017 fuhr ich wiederholt nach Unterfranken, um dort Schmetterlinge zu kartieren und, wenn nötig, für genetische Untersuchungen einzusammeln. Während einer Fahrtstrecke von über 200 Kilometern an einem perfekten Sommertag Ende Juni registrierte ich auf der Windschutzscheibe genau drei (!) Einschläge von Insekten nennenswerter Größe. Noch vor 20 oder 30 Jahren wäre die Scheibe voll gewesen mit Insektenschlag, und man hätte sie spätestens in einer Würzburger Tankstelle mit einem Schwamm reinigen müssen, um wieder gut sehen zu können.

Viele Menschen, die mit Insekten weder beruflich noch privat zu tun haben, berichten mir von derselben Erfahrung, alle Entomologen sowieso. Inzwischen ist es schlichtweg »normal«, dass sich auf Windschutzscheibe und Kühlergrill nur noch ein winziger Bruchteil dessen ansammelt, was man noch vor der Jahrtausendwende beobachten konnte. Und die Ursache dafür ist eindeutig.

In Großbritannien haben bereits 2004 knapp 40.000 Menschen in einer landesweiten Studie *(Big Bug Count)* mit ihrem Auto Insekten »erlegt« – und das Phänomen bestätigt.[1] Initiiert von der großen britischen Vogelschutzorganisation *Royal Society for the Protection of Birds* (RSPB) bekamen teilnehmende Autofahrer eine standardisierte Platte – den *Splatometer* – an die Frontstoßstange montiert und fuhren damit in der Zeit vom 1. bis 30. Juni durchs Land. Nach jeweils 20 bis 80 gefahrenen Meilen zählten die Fahrer die toten Insekten an ihrem Splatometer aus, reinigten ihn und notierten die Zahl der Insekten sowie die zurückgelegte Strecke. Bei diesem *Citizen-Science*-Projekt (Bürgerwissenschaft) ergab sich eine Gesamtzahl von 324.814 Insekten. Das hört sich nach viel an, ist aber erschreckend wenig: Umgerechnet auf die zurückgelegte Strecke, maßen die Splatometer im Durchschnitt nämlich nur einen Einschlag alle acht Kilometer ... (Zum Vergleich: Ein einziges Paar Rauschschwalben fängt in einer Brutsaison 250.000 Insekten.) Eine solch geringe Zahl hatte niemand erwartet.

Es flattert, summt und brummt nicht mehr

Viele Bürger bestätigen mir eigene Beobachtungen: Sie sehen im Freien viel weniger Schmetterlinge als früher, insbesondere am Sommerflieder oder »Schmetterlingsstrauch« *(Buddleja davidii)* im heimischen Garten – und auch dieser Eindruck ist keine Sinnestäuschung. Zu Beginn der Sommerferien in Bayern sah man noch Anfang der 1970er-Jahre die Blütentrauben des Sommerflieders kaum, weil sie über und über voll von Schmetterlingen waren, darunter insbesondere Tagpfauenaugen *(Aglais io)* und Kleine Füchse *(Aglais urticae)*, die häufigsten bodenständigen »Nesselfalter«.

Es bereitete mir keine Schwierigkeit, über die ersten drei Augustwochen verteilt mehrere hundert Exemplare dieser Arten zu zählen (natürlich inklusive Wiederholungssichtungen).

Heute, in den 2010er-Jahren, komme ich in meinem Garten im Schnitt nur noch auf 10 Sichtungen – *pro Jahr!* Meist Tagpfauenaugen, nur ab und zu mischt sich überhaupt noch ein Kleiner Fuchs darunter.

Übrigens gibt es auch eine nicht-einheimische Verwandtschaft der Nesselfalter; dazu zählt unter anderem der Distelfalter *(Vanessa cardui)*, ein regelmäßiger Einwanderer aus dem Süden. In manchen Jahren bilden sich in Nordafrika große Schwärme, die dann auf Wanderschaft gehen und auch bei uns einfallen; zuletzt waren 2003 und 2009 starke Distelfalterjahre. Dann sieht man plötzlich viele Distelfalter an der *Buddleja* und man könnte meinen, um die Schmetterlinge Deutschlands sei es doch nicht so schlimm bestellt. Ein Irrtum – Distelfalter sind kein Bestandteil unserer heimischen Fauna.

Zwei unserer häufigsten »Nesselfalter«: Tagpfauenauge (*Aglais io*, links) und Kleiner Fuchs (*Aglais urticae*, rechts).

Früher summte und brummte es in unserem Garten zur Zeit der Obstbaumblüte ununterbrochen an Apfelbaum und Weichsel (Sauerkirsche). Heute sind die blühenden Bäume regelrecht verwaist; die eine oder andere Hummel und vielleicht mal eine Biene, das ist alles, was mir beim flüchtigen Hinschauen noch auffällt. Selbstverständlich ist mein Garten nur ein einzelner Beobachtungspunkt, Verallgemeinerungen verbieten sich hier von selbst. Aber: Viele Privatleute über ganz Deutschland verteilt machen ähnliche Erfahrungen, und die Imker wissen es sowieso. Das große Bild manifestiert sich in der Zusammenschau vieler Einzelbeobachtungen.

Alternative Fakten lassen grüßen

Selbstverständlich stellen interessierte Kreise – namentlich aus der Agrar- und Chemieindustrie – derartige Beobachtungen in Frage, halten sie für Erfindung und unterstellen damit implizit, dass Zehntausende von Bürgerinnen und Bürgern an kollektiver Gedächtnisfehlleistung und an Wahrnehmungsstörungen leiden. Oder sie zaubern Halbwahrheiten und »alternative Fakten« (also Lügen) aus dem Hut: Etwa, dass der Mangel an Einschlägen auf der Frontscheibe der höheren Windschlüpfrigkeit moderner Fahrzeuge geschuldet sei und nicht einem »angeblichen« Insektensterben.

Das Heimtückische an solchen *Fake News* ist, dass sie zwar insgesamt absurd, im Detail aber nicht gänzlich falsch sind. In der Tat ist es nämlich so, dass sowohl bei geringerer Aerodynamik als auch höherer Fahrgeschwindigkeit mehr Insekten an den Autos verenden als umgekehrt. Es sind aber nicht alle Autos moderner als früher, und schon gar nicht sind sie heute alle langsamer unterwegs – und Fahrzeuge sind keineswegs das einzige Instrument, an dem sich der Zusammenbruch der Biodiversität ablesen lässt. Auch jedes noch so gewitzte aerodynamische Argument kann nicht einen solch massiven Rückgang erklären, wie wir ihn überall im Land sehen – und den selbst die *FAZ* kürzlich als »Zukunftsfrage der Menschheit« bezeichnet hat.

Das alles wissen vermutlich auch die Verantwortlichen für solche Gerüchte. Aber eine differenzierte Darstellung der Situation ist nicht opportun; das Ziel ist vielmehr, die Öffentlichkeit zu verunsichern und die Glaubwürdigkeit der Wissenschaft zu erschüttern.

Wissenschaft in Beweisnot?

Von der Wissenschaft wird immer wieder der ultimative Beweis für ein Insektensterben gefordert, wohl wissend, dass das unmöglich ist.

Abgesehen von der Feinheit, dass sich eine Hypothese oder Theorie mit naturwissenschaftlicher Methodik nie verifizieren, sondern immer nur falsifizieren lässt – was wäre nötig, um *den* unzweifelhaften Beleg für ein umfassendes Insektensterben vorweisen zu können?

Dazu bräuchte man eine Langzeitstudie, die die Bestandsentwicklung sämtlicher Insektenarten Deutschlands flächendeckend dokumentiert hat, zeitlich mindestens hundert, besser zweihundert Jahre zurückreichend. Bei mindestens 33.000 Insektenarten in Deutschland, der im Verhältnis dazu vernachlässigbar kleinen Schar von Artenkennern und der großen Fläche unseres Landes ist klar, dass es so etwas nie gegeben hat und in dieser Form wohl auch nie geben wird.

Trotzdem kann die Wissenschaft etwas tun und hat es auch getan: möglichst viele existierende Datensätze – Bausteine – zusammentragen und in ein Gesamtbild einordnen, aus dem sich aussagekräftige Schlüsse ziehen, fundierte Hypothesen formulieren lassen.

Wenn sich viele unabhängige, repräsentative Einzelstudien zu einem stimmigen Gesamtbild zusammenfügen – dann wird trotzdem ein Schuh draus, lässt sich ein klares Bild von der Situation ableiten, entsteht schließlich wissenschaftlicher Konsens.

Letztlich läuft es also auf einen Indizienprozess hinaus. Doch wir wissen alle: Auch mit Indizien – wenn sie denn insgesamt stimmig und in sich widerspruchsfrei sind – lässt sich das Verbrechen rekonstruieren und der Mörder rechtsgültig überführen.

Das Insektensterben ist weder Fiktion noch Überraschung

Ich kann deshalb versichern: Das Artensterben *ist* real und deutlich belegt, die Details dazu folgen gleich im Anschluss. Es ist keine Erfindung »irrer« Wissenschaftler, wie manch einer behauptet, sondern stellt vielmehr für die Menschheit insgesamt eine noch größere Bedrohung dar als der Klimawandel (mehr dazu in Kapitel 3). Auch über die maßgeblichen Ursachen herrscht unter Forschern (sofern von unabhängigen Stellen bezahlt) prinzipiell Einigkeit.

Im Übrigen kommt das Insektensterben für Biodiversitätsforscher keinesfalls überraschend; die Entwicklung war vorherzusehen, und die Weichen wurden bereits vor über hundert Jahren gestellt. Da der Prozess aber schleichend Fahrt aufgenommen hat, bemerkten ihn anfangs nur Fachleute. Deren Warnungen und Mahnungen wurden aber nie besonders ernst genommen. So konnte die Entwicklung fortschreiten und an Dynamik gewinnen. Über viele Jahrzehnte hinweg, also (zu) lange Zeit, blieb demnach die Diskussion weitgehend auf die überschaubaren Fachkreise beschränkt, und das Problem kam in der Gesellschaft nicht an. Erst in jüngster Zeit hat sich das grundlegend geändert.

Dies ist vor allem das Verdienst der Kollegen vom Entomologischen Verein Krefeld e. V., die im Rahmen einer hochrangig publizierten wissenschaftlichen Studie das Insektensterben in Deutschland publik gemacht haben.[2] Die Autoren verstanden es, die Medien auf ihre alarmierenden Zahlen aufmerksam zu machen; die Zeit war reif, um das Thema endlich in die Öffentlichkeit zu bringen.

Das Insektensterben beginnt schon im 19. Jahrhundert

Das Insektensterben ist keineswegs ein Phänomen unserer Tage und nicht erst durch die »Krefeld-Studie« ans Licht gebracht worden. Tatsächlich lässt sich historisch belegen, dass die Anfänge der fatalen Entwicklung bis zurück ins 19. Jahrhundert reichen, in die Zeit der Agrarrevolution.

Meine Heimatstadt Regensburg hat über mehr als 250 Jahre immer wieder Schmetterlingskundler (Lepidopterologen) hervorgebracht oder angezogen. Einer der bedeutendsten Forscher seiner Zeit war der Landgerichtsarzt Dr. Gottlieb August Wilhelm Herrich-Schäffer (1799–1874). In einer umfangreichen faunistischen Arbeit über die Schmetterlinge der Regensburger Umgebung bemerkte Herrich-Schäffer bereits im Jahr 1854:[3]

> *»Ich glaubte es der Wissenschaft schuldig zu seyn, die Fundorte nicht zu verheimlichen. Ich glaube nicht, dass durch wirkliche Sammler Arten in einer Gegend ausgerottet werden können. Wenn die Frequenz einzelner durch sinnloses Zusammenraffen aller erreichbaren Exemplare auch auf Jahre hinaus merkbar vermindert werden kann, so denke ich doch, dass hiezu klimatische Verhältnisse und vor Allem die leidige Wuth der Oekonomen, jedes Fleckchen nutzbar zu machen, unverhältnissmässig mehr beitragen.«*

Bereits Mitte des 19. Jahrhunderts hat man demnach Veränderungen im Artenbestand registriert und mögliche Ursachen diskutiert. Das Sammlerwesen war damals sehr verbreitet und es existierte ein regelrechter Markt für Schmetterlinge, jedenfalls für die großen und bunten Formen; eine Drehscheibe dieses Handels war die Firma Staudinger & Bang-Haas in Dresden-Blasewitz. Vor diesem Hintergrund kam Herrich-Schäffer zum (auch aus heutiger Sicht korrekten) Schluss, dass selbst intensives Besammeln Arten nicht auszurotten vermag – wohl aber einschneidende Veränderungen in ihrem Lebensraum. Es ist besonders aufschlussreich, dass er in diesem Zusammenhang bereits der »leidigen Wuth« der Ökonomen, die Landschaft in ihrem Sinne umzugestalten, große Bedeutung beimaß. In jener Frühphase der sogenannten Agrarrevolution also, die in Mitteleuropa um Mitte des 18. Jahrhunderts einsetzte, war bereits eine substanzielle, zunächst allmählich und in der Folge immer schneller voranschreitende Umwälzung zu beobachten, die die traditionelle Form der Landnutzung grundlegend veränderte und in der heutigen intensiven Agrarindustrie ihren vorläufigen Höhepunkt findet.

Zwischen 1885 und 1887 erschien die nächste detaillierte Fauna der Regensburger Schmetterlinge, diesmal aus der Feder des Kaufmanns und angesehenen Amateurforschers Anton Schmid (1809-1899). Auch Schmid kommt mit deutlichen Worten auf das zunehmende Verschwinden von Arten an historischen Fundplätzen und dafür maßgebliche Faktoren zu sprechen:[4]

> *»Die früher angeführten Fundstellen sind so ziemlich die alten geblieben, was wir wohl unseren Bodenverhältnissen zu verdanken haben; immerhin aber ist mancher Fleck Erde der Cultur, den Fabrik- oder Eisenbahnanlagen zum Opfer gefallen, nur nicht in dem Masse, um, wie anderwärts, das gänzliche Verschwinden einzelner Species beklagen zu müssen.*
>
> *Bedauerlicher dagegen ist der Unverstand, mit welchem man fortwährend den Hecken durch vermeintlich begründetes oder muthwilliges Ausrotten zu Leibe geht und, dass alle mündlichen wie schriftlichen Auslassungen über die grossen allgemeinen Nachtheile kein Gehör finden wollen.*
>
> *Bietet ja in dieser Hinsicht dem Naturfreunde fast jedes Frühjahr eine neue, unliebsame Ueberraschung.*
>
> *Der vorhin erwähnte Ausfall von Arten der früheren Fauna findet sich übrigens reichlich gedeckt durch die Zurechnung der schönen Kelheimer Gegend, in welche man mittelst Bahn sich in 5/4 Stunden Zeit jetzt versetzt sieht.«*

Modern ausgedrückt, nennt Schmid Flächenfraß und Flurbereinigung als Ursachen für den Rückzug und das teilweise vollständige Erlöschen von Populationen. Seine Klage über das Entfernen von Hecken aus der Landschaft und über die Reaktion von Behörden auf Mahnungen der Wissenschaft erscheint zeitlos. Erhellend ist auch seine Feststellung, dass er sein Untersuchungsgebiet bereits bis zu den jeweils 20 Kilometer entfernten Orten Kelheim und Wörth an der Donau ausdehnen musste, um bestimmte Arten zu finden, die Herrich-Schäffer noch in der Regensburger Gegend zu Gesicht bekommen hatte.

Auch ich selbst erforsche intensiv die Schmetterlingsfauna von Regensburg, und mittlerweile habe ich einen Bogen von 35 Kilometern Radius um die Stadt geschlagen, was ich großzügig noch als »Regensburger Umgegend« definiere. Aber trotz dieser enormen Flächenerweiterung kenne ich von den insgesamt 2.630 Arten, die hier jemals gefunden wurden, ganze 391 nicht mehr aus eigener Anschauung – ein Defizit von 15 Prozent. Berücksichtige ich nur die zu Herrich-Schäffers Zeiten besammelten Fundorte, komme ich sogar auf ein Artendefizit von 67 Prozent.

Rote Listen

Seit dem 19. Jahrhundert sind die strukturellen und umweltchemischen Veränderungen rapide vorangeschritten. In der zweiten Hälfte des 20. Jahrhunderts wurde man sich der Verarmung der Natur und deren Folgen stärker bewusst, es baute sich politischer Druck durch Umweltbewegungen auf. Die Verschärfung von Naturschutzbestimmungen war eine Folge, eine andere die Aufnahme rückläufiger Arten in sogenannten Roten Listen (siehe Kasten, Seite 53).

Die erste umfassende Rote Liste für Deutschland (West) erschien im Jahr 1977; es überrascht nicht, dass bei der Fülle heimischer Insektenarten und beim damaligen Kenntnisstand nur ein Bruchteil der Gruppen überhaupt berücksichtigt werden konnte. Heute bringt das Bundesamt für Naturschutz (BfN) sukzessive neue, methodisch standardisierte Listen heraus. Auch für einzelne Bundesländer gibt es Rote Listen, die in gewissen Abständen überarbeitet werden; in Bayern erschienen sie in den Jahren 1976, 1992 und 2003, und seit 2016 werden Neufassungen publiziert.

Insgesamt ist festzustellen, dass die Roten Listen im Lauf der Zeit immer besser und gleichzeitig auch immer länger geworden sind – Beleg dafür, dass der Rückgang der Biodiversität ungebrochen ist.

Rote Listen überfordert?

Rote Listen sind nach Definition des Bundesamtes für Naturschutz »Verzeichnisse ausgestorbener, verschollener und gefährdeter Tier-, Pflanzen- und Pilzarten, Pflanzengesellschaften sowie Biotoptypen und Biotopkomplexe. Sie sind wissenschaftliche Fachgutachten, in denen der Gefährdungsstatus für einen bestimmten Bezugsraum dargestellt ist.«

Sie sollen dem amtlichen Naturschutz als wirkungsvolles Instrument zur Hand gehen. Bewertet wird der Gefährdungsgrad nach standardisierten Kriterien anhand von aktueller Bestandsgröße, kurz- und langfristigen Bestandstrends und bekannten Risikofaktoren. Dies führt dann in der deutschen Roten Liste zu einer Einstufung in eine der folgenden Gefährdungskategorien:

0   Ausgestorben oder verschollen
1   Vom Aussterben bedroht
2   Stark gefährdet
3   Gefährdet
R   Extrem selten
G   Gefährdung unbekannten Ausmaßes

Die weiteren Kategorien V (Vorwarnliste) und D (Datendefizite) stehen außerhalb der Roten Liste.

Der Standardisierungsgrad und damit die Qualität der Roten Listen haben sich im Lauf der Zeit stark verbessert. Die Kehrseite der Medaille: Nur für sehr gut untersuchte Gruppen (z. B. Wirbeltiere, Gefäßpflanzen, Libellen) gibt es hinreichend gute raum-zeitliche Informationen, die für die qualifizierte Einstufung von Arten benötigt werden. Für viele Insektenordnungen und andere Wirbellose – also für die Hauptmasse der höheren Organismen – ist das nicht oder nur bruchstückhaft der Fall; selbst Schmetterlinge bilden keine Ausnahme: Die aktuellste bundesdeutsche Liste berücksichtigt nur etwa 50 Prozent der heimischen Arten, da für die Masse der sogenannten Kleinschmetterlinge keine detaillierten Daten auf Bundesebene verfügbar sind.

Somit enthalten Rote Listen nur einen Bruchteil der tatsächlich gefährdeten Arten, und es wäre ein grober Fehler anzunehmen, *nicht* angeführte Tiergruppen wären *nicht* gefährdet.

Vor allem aber sind es repräsentative quantitative Studien über die Bestandsentwicklung artenreicher Gruppen, die harte Belege für ein massives Insektensterben liefern.

Harte Fakten I: Krefeld schlägt Alarm

Eine detaillierte Studie über einen massiven Rückgang der Biomasse von Fluginsekten erschien im Herbst 2017 im Wissenschaftsjournal PLoS ONE. Diese inzwischen als »Krefeld-Studie« bekannt gewordene Arbeit entstand aus einer Kooperation zwischen dem entomologischen Verein Krefeld und Forschern der Radboud Universität Nijmegen (Niederlande) sowie der University of Sussex (Großbritannien).[5]

Nach einem standardisierten Protokoll wurde die Biomasse von Fluginsekten aus sogenannten Malaisefallen bestimmt (siehe Kasten, Seite 55), und zwar von insgesamt 63 Standorten vorwiegend in Nordrhein-Westfalen, aber auch in Rheinland-Pfalz und Brandenburg, zeitlich zurückreichend bis 1989.

Das erschreckende Ergebnis:

In den vergangenen 27 Jahren ist in den beprobten Gebieten die Biomasse der Fluginsekten im Schnitt um 76,7 Prozent zurückgegangen; zur Hochsaison im Sommer erreichte der Schwund gar Spitzenwerte bis 81,6 Prozent. Als »*Ein ökologisches Armageddon*« titulierte denn auch *Zeit online* am 18. Oktober 2017 den Befund. Und das zu Recht! Denn es sind *Schutzgebiete*, aus denen diese Zahlen stammen, jene Regionen also, die von intensiver Nutzung ausgenommen und nach wie vor die »Hot Spots« der Biodiversität in Deutschland sind (siehe Kasten, Seite 63). Wie mag es da wohl erst in der restlichen Flur aussehen, die keinen speziellen Schutzstatus genießt?

Man könnte es sich vorstellen, doch wurde das im Rahmen der Studie nicht untersucht. Deshalb kam vorsorglich auch gleich Kritik aus Reihen der Agrarlobby: Die Ergebnisse hätten unter anderem deshalb keine allgemeingültige Aussagekraft, weil sie ja *nur* aus Schutzgebieten stammten und somit *nicht* die gesamte Landschaft repräsentieren würden!

Wie misst man Artensterben?

Die *International Union for Conservation of Nature and Natural Resources* (IUCN) definiert eine Art als ausgestorben, wenn es keinen vernünftigen Zweifel daran gibt, dass das letzte Individuum dieser Art gestorben ist. Dies gilt in globalem Maßstab (das finale Verschwinden einer Art von der Erde) ebenso wie im regionalen und lokalen (Erlöschen der Populationen eines bestimmten Gebietes, z. B. in Deutschland).

Zur Feststellung ist gründliche und gezielte, sich über mehrere Generationszeiten erstreckende Nachsuche in den bekannten und/oder vermuteten Lebensräumen der betreffenden Art nötig. Dazu bedarf es neben Geduld und Sorgfalt auch fundierter Spezialkenntnisse über

- ihre ökologischen Ansprüche, Lebensweise und den Lebenszyklus,
- effektive Methoden zum Nachweis des Vorkommens und
- Bestimmungsmerkmale zur zweifelsfreien Identifikation und Abgrenzung von möglichen Doppelgängern.

Eine Malaisefalle im tropischen Regenwald von Perú (oben links). Insekten und andere Wirbellose aus dem Sammelbehälter einer Malaisefalle (unten links). Blaulicht zieht Nachtfalter und viele andere nachtaktive Insekten an (rechts).

Verfahren zum Nachweis des Vorkommens einzelner Arten sind so vielfältig wie deren unterschiedliche Lebensweisen und -ansprüche; exemplarisch seien zwei Methoden für den effektiven Nachweis von Insekten näher erläutert:

- Malaisefallen (siehe Abbildung, Seite 55) erinnern ihrer Form nach an ein Zelt und werden quer in Schneisen gestellt, wo sie den Insektenflug unterbrechen sollen. Die Tiere prallen zunächst gegen einen kaum sichtbaren, senkrechten Vorhang aus Gaze, krabbeln dann nach oben und werden unter dem Dachfirst in einen Sammelbehälter mit Alkohol geleitet (im Foto rechts oben an der Falle zu erkennen); dort sterben sie sofort und werden gleichzeitig konserviert. Im Behälter sammelt sich rasch ein »Cocktail« von Insekten und anderen Krabbeltieren an (Abbildung, Seite 55), weshalb er in regelmäßigen Abständen geleert werden muss. Üblicherweise werden die gesammelten Tiere dann von Spezialisten nach Gruppen und schließlich Arten getrennt und quantifiziert.
- Speziell Nachtfalter, aber auch andere nachtaktive Insekten lassen sich durch UV- und Blaulicht anlocken (Lichtfang, Abbildung, Seite 55). Automatische Lichtfallen ermöglichen eine standardisierte quantitative Auswertung des Sammelguts.

Insektenarten, die sich mit diesen oder ähnlich breitenwirksamen Methoden nicht fangen lassen, können eventuell mit Hilfe von Köderfallen angelockt werden oder müssen gezielt gesucht werden.

Die Bestimmung von mindestens zwei Dritteln unserer Insektenarten ist auch für Spezialisten nach äußeren Merkmalen nicht möglich, es gibt zu viele Doppelgänger. Zeitaufwändige Sektionen unter dem Mikroskop und/oder genetische Verfahren sind dann zur Identifikation nötig. Allein aus diesem Grund ist das Aufsammeln von Belegtieren unumgänglich.

Für die Beurteilung von Bestandsentwicklungen sind Informationen über frühere Häufigkeiten und der Vergleich mit dem Ist-Zustand nötig. Besonders wertvoll sind Daten aus Langzeituntersuchungen, d. h. Monitoring mit standardisierten Verfahren am selben Ort über lange Zeiträume hinweg:

- Das Registrieren der An- bzw. Abwesenheit von Arten ist ein relativ einfaches, aber grobes Verfahren.
- Besser ist es, mit Hilfe standardisierter quantitativer Sammelmethoden auch die Menge an Individuen jeder Art zu erfassen (z. B. durch Auszählen oder Wiegen) und deren Veränderung auf der Zeitachse zu analysieren.

Sinkt die Menge der nachgewiesenen Individuen einer Art im Laufe der Jahre, ist das ein deutlicher Beleg für einen rückläufigen Bestand. Sind viele Arten zur selben Zeit betroffen (wie im Fall des Insektensterbens), ist es gar ein Hinweis auf ein generelles Problem.

Allerdings unterliegt die Populationsgröße auch ständigen *natürlichen* Schwankungen, und von manchen Arten sind gar regelrechte »Massenwechsel« bekannt: Viele Jahre lang sehr selten oder gar nicht zu finden, werden sie plötzlich häufig, um danach wieder selten zu werden. Wissen und Erfahrung sind nötig, um solche Phänomene von echten langfristigen Trends der Bestandsentwicklung zu unterscheiden.

Jedes Nachsucheverfahren hat auch eine Empfindlichkeitsgrenze. Ist der Bestand so weit zurückgegangen, dass man statistisch gesehen mit weniger als einer Sichtung pro Jahr rechnen muss, bewegt sich die Art an oder unter der Nachweisgrenze; dann ist oft schwer zwischen stark geschrumpfter Häufigkeit (Abundanz) und echtem Aussterben zu entscheiden.

Der Wickler *Cnephasia sedana* war seit 1867 in Deutschland verschollen (»unter der Nachweisgrenze«) und ist erst 2013 in den Allgäuer Alpen wiederentdeckt worden.

Ich lasse diesen Einwand hier unkommentiert stehen; der/die Leser/in mag selbst bewerten, wie intelligent er ist und wes Geistes Kind diejenigen sind, die so argumentieren.

Eine genaue Klärung der Ursache(n) für den dramatischen Rückgang konnten die Krefelder Autoren trotz Einbeziehung umfangreicher Fernerkundungs-, Klima- und ökologischer Daten nicht dingfest machen, und sie blieben deshalb auch sehr zurückhaltend mit Mutmaßungen.

Trotzdem wirbelte die Studie viel Staub auf und provozierte heftiges Gegenfeuer; entsprechende Stellungnahmen sind überall im Internet nachzulesen. Es sei eine Studie von »Hobbyentomologen«, heißt es da unter anderem (im Sinne von fachlichen Laien, was schlichtweg unwahr ist), noch dazu eine mit zahlreichen methodischen und statistischen Schwächen, die man regelrecht »zerpflücken« könne.

Tatsächlich aber ist die Krefeld-Studie in einer hochrangigen, naturwissenschaftlichen Fachzeitschrift publiziert worden und hat, wie bei allen solchen Arbeiten üblich, einen peniblen, kritischen Begutachtungsprozess durch andere Wissenschaftler durchlaufen.

Dass die Krefelder Kollegen in der Tat etwas Reales gemessen haben, unabhängig vom Kleinkrieg um die methodische Reinheit der Modelle, darin weiß ich mich mit vielen anerkannten Fachkollegen einig. Zumal diese Studie nicht die einzige überregional bedeutende Untersuchung ist, die unmissverständliche Belege für ein gravierendes Insektensterben erbracht hat.

Harte Fakten II: Die Bestandsentwicklung der Schmetterlinge Bayerns

Meine eigene Forschung an der Zoologischen Staatssammlung in München (ZSM) beschäftigt sich unter anderem mit Schmetterlingen in Bayern. Seit dem Jahr 2009 bin ich an einem vom Bayerischen Wissenschaftsministerium geförderten Projekt beteiligt, das die Charakterisierung aller etwa 35.000 Tierarten Bayerns anhand eines genetischen Fingerabdrucks (des sogenannten DNA-Barcodes) zum Ziel hat. Eine Mammutaufgabe, die ohne die Kooperation wissenschaftlich arbeitender Privatsammler, also sogenannter Fachamateure im besten Sinn des Wortes, gar nicht zu bewältigen wäre. Auf diese Weise kam nun in den vergangenen Jahren eine enorme Menge aktueller Verbreitungsdaten über bayerische Schmetterlinge zusammen.

Gleichzeitig gibt es einen reichhaltigen historischen Datenschatz. Schmetterlinge sind attraktiv; sie wurden daher über lange Zeiträume ausgiebig gefangen und gesammelt und ihr ehemaliges Vorkommen wurde in Form von Sammlungsbelegen und/oder historischen Abhandlungen dokumentiert. Viele historische Belege gibt es zum Beispiel in der ZSM; sie beherbergt mit mehr als 11 Millionen Exemplaren die größte Schmetterlings-Forschungssammlung der Welt, darunter viele Stücke aus Bayern. Weitere Belege sind in Privatsammlungen für die Forschung verfügbar.

Die bayerischen Lepidopterologen befinden sich deshalb in der komfortablen Lage, über eine solche Menge an historischen *und* aktuellen Daten zu verfügen, dass Bearbeiter anderer Insektengruppen davon in der Regel nur träumen können. Das brachte mich vor einigen Jahren auf die Idee, einen räumlich und zeitlich differenzierten Zensus des Artenbestands zu versuchen. In Gemeinschaftsarbeit mit meinem Freund und Kollegen Alfred Haslberger entstand so auf 336 Seiten eine systematische, revidierte und ausführlich kommentierte »Checkliste« der Schmetterlinge Bayerns auf neuestem Stand des Wissens.[6] Zwar geht es darin »nur« um Schmetterlinge und auch »nur« um Bayern, trotzdem hat die Studie repräsentativen Charakter:

– Bayern ist mit 70.000 Quadratkilometern das größte Bundesland und besitzt einen Anteil von 20 Prozent an der Gesamtfläche Deutschlands.
– Schmetterlinge sind die viertgrößte Tiergruppe der Welt.
– In Bayern kommen 89 Prozent der Schmetterlingsarten Deutschlands vor.
– Die Studie basiert auf fast einer halben Million Datensätze, zurückreichend bis in die Zeit der Agrarrevolution im 18. Jahrhundert.

Der Regensburger Heufalter *(Colias myrmidone)* ist eine östliche Steppenart, ein »Magerrasen-Spezialist«. Die letzte bundesdeutsche Population ist im Jahr 2000 bei Regensburg erloschen.

Neben vielen anderen interessanten Entdeckungen manifestierte sich in den ausgewerteten Daten leider auch ein Signal für einen Artenrückgang von solcher Stärke, wie wir es nicht erwartet hätten. Von den damals 3.243 insgesamt aus Bayern bekannten Schmetterlingsarten waren im 21. Jahrhundert nur noch 2.815 nachgewiesen, mithin ein Defizit von 428 Arten oder minus 13 Prozent. Eine zeitliche Einordnung im Vergleich zu den Roten Listen der Jahre 1992 und 2003 macht deutlich, dass der Artenrückgang voranschreitet, und zwar beschleunigt.[7] Er nahm seit der zweiten Hälfte des 20. Jahrhunderts besonders starke Ausmaße an. In 30 Jahren (1971–2000) gingen mehr Arten verloren (226) als in den vorausgegangenen 200 Jahren zusammengenommen (191). Arten der Wälder sind noch am wenigsten betroffen. Am stärksten rückläufig sind Arten des Offenlands, »Wiesenschmetterlinge« im weitesten Sinn, und hier an vorderster Stelle jene Arten, die spezifisch an karge, nährstoffarme Böden und warmtrockene Bedingungen angepasst sind – die sogenannten Magerrasen- und Felsflur-Spezialisten; ihre Verluste sind rund dreimal höher als im Schnitt.

Harte Fakten III: Über 200 Jahre Schmetterlingsforschung am Keilberg – Naturschutzgebiete schützen nicht mehr

Der Keilberg, heute Teil des nordöstlichen Stadtgebiets von Regensburg, umfasst nur eine sehr kleinräumige Stelle, erlaubt dafür aber einzigartige detaillierte Einblicke in die zeitliche Dynamik des Artenrückgangs, zurückreichend bis zum Beginn der Agrarrevolution.

Das ist dem Zusammentreffen dreier Faktoren zu verdanken, die es in dieser Kombination nirgendwo sonst in Deutschland gibt:
1) Der Keilberg ist ein überaus artenreiches Gebiet, fast die Hälfte des bayerischen Artenbestandes an Schmetterlingen ist von hier bekannt (ca. 1.540 Arten).

2) Die Schmetterlinge des Keilbergs werden seit über 200 Jahren halbregelmäßig besammelt bzw. untersucht, und zwar über alle Gruppen (auch die Klein- und Kleinstfalter, welche die Hauptmasse aller Arten darstellen; siehe Kapitel 1).

3) Der Keilberg war früher extensiv genutztes Offenland (Viehtriften, Weinberge, magere Felsfluren). Heute steht das Gebiet unter Naturschutz und hat an einigen Stellen dank Pflegemaßnahmen seinen ehemaligen Charakter noch teil-

Ansicht des Keilbergs von Südwesten mit Blick auf die durch Pflegemaßnahmen offen gehaltenen Hangbereiche sowie einen kleinen Ausschnitt des Steinbruchs (oben). Der Keilberg auf einem zeitgenössischen Stich von Merian im Jahr 1634. Man vergleiche mit obiger Abbildung und beachte, dass der Berg weitgehend unbewaldet war (unten).

weise erhalten. Ansonsten sind große Teile der Fläche durch die Nutzungsaufgabe zugewachsen, außerdem existiert ein riesiger, kommerziell genutzter Steinbruch. Neben allgemeinen Veränderungen der Populationen lassen sich so auch Einflüsse des Zuwachsens (Sukzession) und des Steinbruchs auf die Bestände studieren.

In einer Kooperationsarbeit der TU München mit der ZSM und dem Deutschen Entomologischen Institut der Senckenberg Gesellschaft (DEI) untersuchten wir den Keilberg in Hinblick auf Bestandsänderungen und mögliche Ursachen. In einer Studie über die naturschutzfachlich besonders bedeutenden tagaktiven Schmetterlinge (Tagfalter und Widderchen), publiziert in einer hochrangigen Fachzeitschrift, kamen wir zu folgenden wesentlichen Ergebnissen:[8]
- Die Artenzahl hat sich dramatisch von ehemals 117 Arten auf nur noch 71 verringert, ein Rückgang von 39 Prozent und damit dreimal höher als im bayerischen Durchschnitt.
- Der Rückgang verläuft beschleunigt. Während des 19. Jahrhunderts verschwand nur eine Art, bis zum Ende der 1970er-Jahre waren es bereits zwölf. In den folgenden Dekaden ging es rasant weiter, und das aktuelle Jahrzehnt stellt mit 26 verlustig gegangenen Arten den Negativrekord auf.
- Trotz der leichten Klimaerwärmung sind Wärme liebende Arten besonders stark rückläufig (siehe Kapitel 4).
- Wir dokumentierten eine Vereinheitlichung (Trivialisierung) der Lebensgemeinschaften, namentlich den Verlust an Habitat-Spezialisten bei gleichzeitiger Zunahme von Habitat-Generalisten. Erstere sind hochspezifisch an bestimmte Lebensraumbedingungen angepasste Arten, die größere Umweltveränderungen nicht tolerieren können; Letztere, die Allerweltsarten, die damit besser zurechtkommen.
- Im Besonderen nahmen jene Generalisten zu, die an stickstofftolerante oder -liebende Nahrungspflanzen gebunden sind – ein deutlicher Hinweis auf Luftdüngung als eine der wesentlichen Ursachen der Veränderungen (siehe Kapitel 4).

Zufluchtsstätten

Die Veränderung der Erde durch den Menschen ist mittlerweile so weit fortgeschritten, dass Wissenschaftler eine neue Epoche in der Erdgeschichte postuliert haben, das Anthropozän.

Speziell in Mitteleuropa sind Waldgebiete der vorherrschende Lebensraumtyp, der sich nach Ende der letzten Eiszeit herausgebildet hat. Erst durch Eingriffe des Menschen sind, beginnend mit dem Sesshaftwerden und dann seit der Römerzeit und dem mittelalterlichen Klimaoptimum, mit zunehmender Rodung von Wäldern eine Fülle neuer Lebensräume für Tiere und Pflanzen geschaffen worden, die es so zuvor nicht oder nur an eng begrenzten Stellen gab: Feldgehölze, lichte Nieder-, Mittel- und Hutewälder, Magerrasen, Weinberge, Streuwiesen und vieles mehr. Mit neuen Nischen stieg die Biodiversität sprunghaft an, sie ist also das Ergebnis menschlicher Landnutzung in vergangenen Jahrhunderten.

Erst die rasant gestiegene Besiedelungsdichte und intensive (Aus-)Nutzung der Natur von heute brachte die Biodiversität in Bedrängnis und viele Populationen in den freien Fall (siehe Kapitel 4).

Heute sind ursprüngliche oder durch extensive Landnutzung in früheren Jahrhunderten geschaffene Lebensräume selten geworden.

Hotspots der Biodiversität

Refugien finden Arten heute außer in sehr unzugänglichen, vom Menschen wenig beeinflussten Gebieten vor allem in Nationalparks und Naturschutzgebieten. Diese zählen nach wie vor zu unseren artenreichsten Lebensräumen.

Strenge Schutzgesetze sollen die Biodiversität und die Funktionalität der Lebensgemeinschaften erhalten. Bei Nationalparks gelingt das aufgrund ihrer Größe noch recht gut, wie entsprechende Erhebungen zeigen.

Naturschutzgebiete sind hingegen meist kleinräumig und daher nur mehr »Inseln« in der intensiven Kulturlandschaft und ohne Pufferzone. Einflüsse von außen wirken sich inzwischen auch negativ auf Naturschutzgebiete aus, namentlich die Immissionen von reaktiven Stickstoffverbindungen und Pestiziden und der Effekt der »Biotopverinselung« (vgl. Kapitel 4).

Anthropogene Zufluchtsorte

Vom Menschen geschaffene Störstellen und Ödländereien bieten ebenfalls wichtige Refugien für Arten. Vor allem intakte oder aufgelassene Steinbrüche, Abbaugruben, Dämme, stillgelegte Gleise und ähnliche Stellen sind von großer Bedeutung, jedenfalls solange diese nicht chemisch behandelt werden.

Ein Blick ins Steinbruchgelände der Firma Walhalla Kalk GmbH & Co. KG: Die menschengemachte »Mondlandschaft« ist Überlebensinsel einiger Schmetterlingsarten, die inzwischen selbst in angrenzenden Naturschutzgebieten nicht mehr zu existieren vermögen.

In den Magerrasen und Felsfluren des Keilbergs in Regensburg beispielsweise kamen früher zwei Schmetterlingsarten vor, die nur auf kargem Ödland existieren können: der Beifuß-Federfalter (*Agdistis adactyla*) und der Wickler *Aethes williana*. Beide sind in Bayern nur mehr äußerst lokal zu finden, stark rückläufig und galten am Keilberg seit Jahrzehnten als ausgestorben. Im Jahr 2014 entdeckten wir unerwartet kleine Populationen inmitten der »Mondlandschaft« des riesigen, kommerziell genutzten dortigen Steinbruchs. Gut abgeschirmt von Einflüssen aus der weiteren Umgebung, haben diese Arten in diesem künstlich geschaffenen, extrem nährstoffarmen Lebensraum überlebt – aus den unmittelbar angrenzenden Naturschutzgebieten sind sie hingegen schon seit Jahrzehnten verschwunden.

Methodisch wie räumlich unabhängig von der Krefeld-Studie, müssen also auch wir herbe Rückgänge der Biodiversität in einem Naturschutzgebiet (!) konstatieren, in dem sogar Pflegemaßnahmen zum Erhalt der offenen Restflächen stattfinden.

Harte Fakten IV: Zusammenbruch der Populationen

Detaillierte Studien zur Bestandsentwicklung noch nachweisbarer Arten sind insgesamt leider überschaubar, aber es gibt sie. Mein Freund und Kollege Prof. Dr. Josef Reichholf hat beispielsweise über Jahrzehnte Daten über Nachtfalter in Südostbayern gesammelt und vor Kurzem in einer von der Deutschen Wildtierstiftung in Auftrag gegebenen Studie veröffentlicht.[9]

Er belegte für die Region einen exponentiell fallenden Rückgang der Häufigkeit (Abundanz) nachtaktiver Schmetterlinge, der Ende der 1970er-Jahre einsetzte. Selbst die Populationen von Allerweltsarten sind rückläufig, etwa der Braune Bär *(Arctia caja)*, dessen Raupe sich von Löwenzahn und allen möglichen anderen Kräutern ernährt. (Dass auch die Artenzahl rückläufig ist, bedarf keiner gesonderten Erwähnung mehr.)

Besonders betroffen sind wieder einmal Insekten der offenen Flur, deren Vorkommen (Abundanz) heute bei nur noch 4 Prozent des Werts aus den frühen 1970er-Jahren liegt (somit 96 Prozent Rückgang) – ein noch stärkeres Signal, als es »die Krefelder« gemessen haben.

Alles nicht so schlimm?

Man könnte nun einwenden, dass es Areal- und Bestandsänderungen schon immer gegeben hat und einige Arten sogar auf dem Vormarsch sind. Das stimmt zwar grundsätzlich, aber ein unter dem Strich derart massiver Verlust an Arten und Biomasse, wie er durch so viele unabhängige Daten und Beobachtungen gestützt wird, ist nicht mit normalen Schwankungen erklärbar.

Der Buchsbaumzünsler *(Cydalima perspectalis)* ist eine invasive Art, die von Südostasien nach Europa eingeschleppt wurde und sich seither rasant ausbreitet.

Der wegen der allergischen Wirkung der Raupenhaare gefürchtete Eichenprozessionsspinner *(Thaumetopoea processionea)* fällt seit jeher durch ausgeprägte Arealschwankungen auf. Zurzeit ist er in Bayern massiv auf dem Vormarsch.

Curtis' Faulholzfalter *(Batia lunaris)* ist eine der wenigen Arten, deren Häufigkeit im 21. Jahrhundert stark zugenommen hat; die früher seltene und lokale Art wird heute zahlreich in weiten Gebieten Bayerns angetroffen.

Für die gut untersuchten Schmetterlinge Bayerns gibt es dazu auch Zahlen:

Gegenwärtig kennen wir in Bayern nur rund 25 Schmetterlingsarten (ca. 0,8 Prozent der Fauna), die früher bei uns nicht (oder lange Zeit nicht mehr) vorkamen, nun aber auf natürlichem Weg ihr Verbreitungsgebiet wieder ausdehnen, sogenannte Arealerweiterer. Nur ein kleiner Anteil sonstiger Falterarten fällt durch Bestandszunahme auf.

Derartige Gegenbewegungen, die es immer schon gegeben hat, sind jedoch in der absoluten Minderheit; ihnen stehen massive Populationseinbrüche und Artenverluste gegenüber.

Seit Publikation der Checkliste der Schmetterlinge Bayerns (2016) ist die Forschung weitergegangen, und es hat sich einiges getan: Die Anzahl der aus Bayern bekannten Arten hat zugenommen, und gleichzeitig wurden etliche damals noch abgängige Arten (in Einzelexemplaren) wiedergefunden.

Ist also vielleicht alles gar nicht so schlimm? Haben sich die Schmetterlinge wieder erholt?

Leider lautet die Antwort auf beide Fragen: *nein.* Denn die grundlegenden Fakten werden davon nicht berührt:

Die Vorkommen, Häufigkeiten und Artenzahlen nehmen weiterhin ab, und zwar mit beschleunigter Charakteristik (zunehmender Geschwindigkeit), und auch die Aussage, dass in den letzten 30 Jahren des 20. Jahrhunderts mehr Arten verschollen oder ausgestorben sind als in den vorherigen 200 Jahren, stimmt noch uneingeschränkt.

Wenn wir nun mehr Schmetterlingsarten als vorher zählen, ist das leider kein Hinweis darauf, dass sich irgendetwas entscheidend verbessert hätte: Alle Neuentdeckungen sind entweder winzig kleine, sehr seltene Arten, oft aus abgelegenen Gebirgsregionen stammend und/oder so schwer bestimmbar, dass sie bisher übersehen wurden und wir erst durch modernste molekulargenetische Methoden auf sie aufmerksam geworden sind.

Heyden's Prachtfalter *(Stagmatophora heydeniella)* kommt in Bayern nur noch an einer einzigen Stelle vor. Noch Mitte der 1990er-Jahre war die Population stark, inzwischen schwankt sie um die Nachweisgrenze und wird in den nächsten Jahren mit an Sicherheit grenzender Wahrscheinlichkeit erlöschen.

Was die Wiederfunde angeht, ist die einzig gute Nachricht, dass diese Arten bisher nicht ausgestorben waren. Man entdeckte sie entweder an sehr abgelegenen Zufluchtsorten wieder oder erst nach jahrelangem, mühsamem Nachsuchen. So gut wie alle Wiedergefundenen haben ihre von früher bekannten Fundplätze verloren und/oder sind so selten geworden, dass sie, wie man sagt, »unter die Nachweisgrenze« gefallen sind (siehe Abbildung oben rechts und Kasten, Seite 57).

Alle sehen: Der Eindruck täuscht nicht

Ob ein gravierendes Insektensterben im Gange ist, diese Frage stellt sich inzwischen nicht mehr. Es ist klar belegt, und darüber noch mit jenen Kräften zu debattieren, die es bis heute verneinen, ist Zeitverschwendung.

Alle repräsentativen Studien in wissenschaftlichen Fachjournalen, alle kleinen Publikationen von Hobbysammlern in Vereinszeitschriften, alle Beobachtungen und Eindrücke von Biologen, Naturfreunden und sonstigen aufmerksamen Privatleuten zeigen ein übereinstimmendes Bild: Artbestände und Biomasse unserer Insekten sind im freien Fall, selbst Allerweltsarten bleiben davon nicht verschont. Seit den ersten Anzeichen im 19. Jahrhundert hat sich der Rückgang fortgesetzt, und er fällt insbesondere seit der zweiten Hälfte des 20. Jahrhunderts als beschleunigter Prozess auf.

Die Puzzleteile ergeben zusammengesetzt ein alarmierendes Bild: Die Zahl unserer Insekten befindet sich im Sinkflug.

Die Häufigkeit der meisten Arten ist rückläufig (siehe Grafiken, Seite 198 unten und 199 oben). Bei mehr als drei Viertel unserer Schmetterlinge haben die Populationen gar um über 90 Prozent abgenommen. (Kleinräumig betrachtet kann es von solchen Durchschnittswerten allerdings deutliche Abweichungen nach oben oder unten geben).

Von den gut untersuchten Schmetterlingen flattern heute zehn- bis zwanzigmal weniger Tiere durch Bayern als noch vor vier Jahrzehnten. 12 Prozent aller Arten sind verschollen oder ausgestorben, dabei sind die Spezialisten der offenen Flur besonders betroffen und haben oftmals sogar Bestandseinbrüche von 99 Prozent und mehr zu beklagen.

Prächtige Arten, die wir nicht missen wollen: Kleiner Schillerfalter (*Apatura ilia*, oben links), Japanischer Eichenseidenspinner (*Antheraea yamamai*, oben rechts), Russischer Bär (*Euplagia quadripunctaria*, unten links) und Segelfalter (*Iphiclides podalirius*, unten rechts).

Auch für die übrigen untersuchten Insektenordnungen sieht es nicht gut aus: Biomasseuntersuchungen, Rote Listen und die Ergebnisse von Biotopkartierungen zeigen ein konsistentes, stetig rückläufiges Bild. Und das Insektensterben macht auch vor Naturschutzgebieten nicht halt, oder anders formuliert: Selbst Naturschutzgebiete schützen nicht mehr (ausreichend).

»Houston, wir haben ein Problem …«, fällt einem da ein – und es ist leider nicht das einzige.

KAPITEL 3

Nicht nur die Insekten sterben (aus)

Gerade, als ich diese Zeilen schreibe, ist draußen herrlichstes Frühlingswetter, und ich werfe einen Blick nach draußen auf meinen blühenden Apfelbaum. Die Bienen, die dort in diesem Augenblick zugange sind, kann ich an einer einzigen Hand abzählen. Zur Zeit meiner Kindheit summte und brummte es hingegen an diesem Baum so sehr, dass ich respektvoll Abstand hielt.

Nicht nur das Summen der Bienen ist fast verstummt, auch das Vogelkonzert wird immer leiser. Früher war der Star allgegenwärtig, Schwalben bauten Nester unter der Dachrinne der Häuser, man hörte überall das Schlagen des Buchfinks, und Grünfinken sah man bis zum Abwinken. So gut wie nichts, will mir scheinen, ist davon noch geblieben, jedenfalls nicht an meinem Wohnort. Der stumme Frühling naht mit Riesenschritten (siehe Grafik, Seite 199 unten).

Leider zeigt sich, dass das Insektensterben kein auf Deutschland begrenztes Phänomen ist. Es lässt sich in weiten Teilen der Welt nachweisen und ist dabei seinerseits nur Teilaspekt einer noch umfassenderen Entwicklung, die das Potenzial hat, selbst die Horrorszenarien des Klimawandels noch in den Schatten zu stellen.

Das Insektensterben ist Indiz einer ökologischen Katastrophe von erdgeschichtlichem Ausmaß. Sie bedroht die Funktionalität der planetaren Ökosysteme und damit auch unmittelbar unsere eigene Existenzgrundlage.

Insektensterben weltweit

Überall in Europa und in den anderen Ländern der Erde, für die es belastbare Daten gibt, werden dieselben Beobachtungen gemacht: Insektenpopulationen und -arten sind auf dem Rückzug.

Als ausgesprochen artenreiche und gleichzeitig gut untersuchte Gruppe sind es einmal mehr die Schmetterlinge (Lepidoptera), die als naturschutzfachlich anerkannte Bioindikatoren in besonderem Maße Aufschluss über die Situation in anderen Teilen der Welt geben. Hierzu einige Beispiele:

- Für unser Nachbarland Schweiz hat bereits im Jahr 1987 die Lepidopterologen-Arbeitsgruppe des Schweizer Bundes für Naturschutz festgestellt, dass sich im Mittelland die Abundanz der Tagfalter innerhalb von 100 Jahren um schätzungsweise 99 Prozent des früheren Bestands verringert hat.[1]
- In der Broschüre *Ausgeflattert – Der stille Tod der österreichischen Schmetterlinge* bewertet der Forscher Peter Huemer vom Tiroler Landesmuseum die Situation der Schmetterlinge in Österreich als national bis regional kritisch; 52 Prozent der Tagfalter und 40 Prozent der Nachtfalter sind dort aktuell gefährdet. Schaut man in raum-zeitlich gut untersuchten Regionen ins Detail, kommen ähnlich erschreckende Zahlen ans Licht wie in den eigenen Untersuchungen in Bayern (siehe Kapitel 2). So dokumentierten die Kollegen für das Gemeindegebiet Innsbruck einen Rückgang der ehemals rund 2.000 Schmetterlingsarten um 40 Prozent![2]
- Großbritannien gehört zu den Ländern, die eine besonders ausgeprägte lepidopterologische Tradition und bis heute ein dichtes Beobachtungsnetz haben. In einem 2015 veröffentlichen Zustandsbericht weisen die Autoren durch Auswertung von 3 Millionen Datensätzen signifikante Art- und Lebensraumverluste sowie Populationsrückgänge bei Tagfaltern nach.[3] Insgesamt 76 Prozent der Arten zeigten in den letzten vier Jahrzehnten entweder eine rückläufige Entwicklung bezüglich der Häufigkeit, der Fundstellen oder beidem. Die britischen Autoren stellen dasselbe fest, wie wir für Bay-

ern gezeigt haben: Wärme liebende Arten profitieren entgegen naiver Erwartungen *nicht* vom Klimawandel.

Nicht viel besser sieht der Zustandsbericht für die rund 900 Arten von Großnachtfaltern aus, der 2013 erschienen ist.[4] Im Zeitraum von 1968 bis 2007 hat demnach ihre Abundanz um 28 Prozent abgenommen. Bemerkenswert ist in diesem Zusammenhang auch, wie sehr (früher) häufige Allerweltsarten von diesem Rückgang betroffen sind: Zwei Drittel der Arten weisen rückläufige Bestände auf, 37 Prozent sind gar um mehr als die Hälfte eingebrochen.

- Auf europäischer Ebene zeigen ein Drittel der Tagfalterarten eine rückläufige Tendenz.[5] Das regionale Geschehen bildet sich auch im überregionalen Maßstab ab. In der Roten Liste der EU sind von den insgesamt 482 Tagfalterarten 19 Prozent als gefährdet oder nahe gefährdet (also bereits deutlich rückläufig) eingestuft. Die stärksten Rückgänge haben hier wie dort die Arten des Offenlandes zu verzeichnen.

- Nun möchte man meinen, dass in weniger entwickelten und/ oder industrialisierten Ländern die Situation besser wäre, aber das ist durchaus nicht der Fall. Die Rote Liste der Tagfalter von Bangladesh spricht hier als Beispiel Bände: Von den 305 Tagfalterarten sind 188 als bestandsgefährdet gelistet – knapp 62 Prozent der Arten.[6]

Vielleicht sind Schmetterlinge aber gar nicht repräsentativ für »die Insekten«? Vielleicht ist gerade die Situation anderer Insekten nicht so dramatisch? Doch gerade diese »Hoffnung« hat die Krefeld-Studie (siehe Kapitel 2), welche die Biomasse von Fluginsekten gemessen hat, im Grunde zerstört – und das bestätigt sich auch bei einem Blick in die Roten Listen all derjenigen Insektengruppen, die hinreichend gut untersucht sind: Egal ob Libellen, Heuschrecken, Laufkäfer, Schwebfliegen oder Bienen; die verfügbaren Daten sprechen eine eindeutige Sprache.

In einem bemerkenswerten Review im angesehenen Wissenschaftsjournal *Science* führten Rodolfo Dirzo von der Stanford

University in Kalifornien und seine Autorenkollegen im Jahr 2014 die Befunde zusammen. Das Fazit: Weltweit zeigen 67 Prozent aller hinreichend gut untersuchten Arten von Wirbellosen einen Rückgang der Abundanz, und zwar im Mittel um 45 Prozent ihrer früheren Häufigkeit.

Das Insektensterben ist also ein globales Phänomen. Und: Anderen Insekten geht es sogar *schlechter* als den Schmetterlingen. Soweit untersucht, sind die Insekten-Populationen um ca. 75 Prozent geschrumpft, bei den Schmetterlingen sind es »nur« 35 Prozent.

Solch massive und dauerhaft negative Bestandsentwicklungen bei den Insekten können nicht ohne Folgen bleiben – und die ersten Auswirkungen zeigen sich bereits.

More than Honey: Erste Folgen werden sichtbar

In Kapitel 1 wurde auf die zentrale Bedeutung hingewiesen, die Insekten aufgrund ihrer vielfältigen Spezialisierungen und schieren Menge für die Ökosysteme besitzen. Ein Rückgang der Biomasse und Arten *muss* demnach zwangsläufig erhebliche Auswirkungen auch auf all solche Organismen nach sich ziehen, die direkt oder indirekt mit Insekten interagieren. Und genau dafür gibt es auch schon unübersehbare Anzeichen.

Eine der vielen fundamentalen »natürlichen Aufgaben« der Insekten ist bekanntlich die Blütenbestäubung. Die wechselseitige Abhängigkeit von Blütenpflanzen und ihren Bestäubern ist sehr stark – und wenn sich das natürliche Gleichgewicht auf der einen Seite verschiebt, wirkt das auf die andere zurück.

In der Tat haben Untersuchungen in den Niederlanden und Großbritannien einen deutlichen Zusammenhang zwischen der Abnahme an Bienen und Schwebfliegen einerseits und der Abnahme von Pflanzenarten andererseits belegt, die auf Bestäubung durch ebendiese Insekten angewiesen sind; ein ursächlicher Zusammenhang ist hier äußerst wahrscheinlich.[7]

Ein Rückgang der Blütenbestäubung hat auch direkte wirtschaftliche Nachteile für den Menschen. Ihr Wert wird global, und hier wiederhole ich mich gerne, auf 153 Milliarden Euro/Jahr geschätzt, allein innerhalb der EU auf 15 Milliarden Euro.

Aus menschlicher Perspektive hat in diesem Zusammenhang die Honigbiene *(Apis mellifera)* einen besonderer Stellenwert – sie ist schon lange unser Haustier und sicher nicht erst seit Waldemar Bonsels' Buch *Die Biene Maja* bei Jung und Alt bekannt und beliebt.

Bestäubung in Fernost: Eine menschliche Ersatzbiene bei der Arbeit.

Nun macht der Rückgang der Insektenpopulationen natürlich keinen Bogen um sie. Die Probleme der Honigbiene, unter anderem in Form des *Colony Collaps Disorder*-Syndroms (CCD), erfüllen viele Menschen mit Sorge und sind auch Thema des 2012 uraufgeführten, mehrfach ausgezeichneten Dokumentarfilms *More than Honey* von Markus Imhoof.

Imker verzeichnen zum Teil verheerende Verluste bei ihren Völkern, allerdings regional durchaus in unterschiedlicher Ausprägung. In manchen Gebieten Chinas sind die Populationen von Honigbienen und anderen Blütenbesuchern inzwischen so weit reduziert, dass menschliche Arbeitskraft die Leistung der Bienen ersetzen und kompensieren soll.

Noch skurriler erscheint eine Idee, die japanische Forscher zurzeit verfolgen: die Konstruktion robotischer Mini-Drohnen, die mit Hilfe von globalen Positionierungssystemen und künstlicher Intelligenz Bestäubungswege erlernen.[8] In den USA, wo die Situation noch weniger dramatisch ist, hat das Bienensterben findige Unternehmer dazu veranlasst, Völker in großem Stil zu vermieten und mit Trucks quer durchs Land zu kutschieren, um so die Bestäubung vor Ort zu gewährleisten – zur Zeit der Mandelblüte etwa über 1.500 Kilometer von Idaho nach Kalifornien.

All solche bis ins Absurde reichenden Versuche, den Ausfall natürlicher Bestäuber zu kaschieren, belegen ihren hohen wirtschaftliche Nutzen und sind – besser als jedes wissenschaftliche Argument – Beweis dafür, dass. es ein ernstes Problem gibt.

Einem Zyniker könnte an dieser Stelle ein rabenschwarzer Gedanke kommen: »Gut, dass es auch die Bienen erwischt!« Denn die haben im Gegensatz zu den meisten anderen Insekten hohe Sympathiewerte und eine gewisse Lobby.

»Was der Biene schadet, muss vom Markt«, tat die Bundeslandwirtschaftsministerin Julia Klöckner 2018 kund, mit Blick auf ein mögliches Verbot bestimmter Insektizide, denen man einen wesentlichen Anteil am Bienensterben zuschreibt. Immerhin! Sollte es dazu wirklich kommen, könnten nicht nur die Bienen, sondern auch zahlreiche weitere Blüten bestäubende Insekten (die, die keine Lobby haben) davon profitieren.

Und das wären einige, denn nicht Honigbienen sind die wichtigsten Bestäuber in unserer Landschaft. Studien aus Großbritannien und Irland belegen, dass Blütenbestäubung im Mittel zu rund 50 Prozent durch Schwebflie-

Schwebfliegen und Wildbienen gehören zu unseren wichtigsten Blütenbestäubern. Oben ein Männchen der Hainschwebfliege *(Episyrphus balteatus)*, unten die Rote Mauerbiene *(Osmia bicornis)*.

gen, 20 bis 30 Prozent durch Wildbienen, aber nur zu 2 bis 3 Prozent durch Honigbienen geleistet wird.[9] (Nur im direkten Einzugsbereich von Bienenstöcken sind die Zahlen deutlich zugunsten der Honigbiene verschoben. Aber auch dort profitiert die Bestäuberleistung von anderen Insekten, besonders von Wildbienen, wie in den Kapiteln 3 und 7 ausgeführt.) Eine neuere, überregionale Metastudie über Blütenbesuche ermittelte, dass Honigbienen immerhin 39 Prozent der Blütenbesucher von Feldfrüchten stellen, der Rest sind Wildbienen (23 Prozent) und andere Fluginsekten (38 Prozent).[10]

Es dreht sich beim Thema Bestäubung also um mehr als nur Honig …

Rückgang Insekten fressender Tiere

Eine andere zentrale Funktion der Insekten in der Natur ist ihre »Opferrolle«: Sie sind wichtige und vielfach unentbehrliche Nahrungsquelle für andere Tiere. Mit den Insekten sollten also auch deren Prädatoren, also Beutefänger, zurückgehen. Und auch das wird bereits beobachtet.

Sehr gut untersucht sind die Vögel. Sie sind europaweit stark auf dem Rückzug; in den Fluren ging seit 1980 mehr als die Hälfte (55 Prozent) des Bestands verloren. Allein in Deutschland verschwanden zwischen 1998 und 2009 rund 12,7 Millionen Brutpaare; bezeichnenderweise vor allem in der Flur und dabei solche Arten, die ausschließlich oder während der Aufzuchtphase von Insekten leben – Allerweltsarten eingeschlossen.[11]

Wie die Vögel sind auch die Fledermäuse bestandsbedroht und rückläufig. Sogar Spinnen sind betroffen. In der Roten Liste Deutschlands stehen 310 der insgesamt 992 Arten (31 Prozent) in einer relevanten Gefährdungskategorie, haben also negative Bestandsentwicklungen, und 77 weitere (8 Prozent) sind aufgrund extremer Seltenheit verwundbar.[12]

Das waren nur wenige Beispiele. Lebewesen, die obligatorisch oder teilweise von Insekten als Nahrung abhängen, gibt es in riesiger Zahl (räuberische oder parasitische Insektenarten eingeschlossen). Geht die Masse der Insekten zurück, haben sie *alle* ein Problem.

Alles hängt mit allem zusammen

Spätestens jetzt ist der Hinweis nötig, dass die oben geschilderten Effekte zwar ursächlich mit dem Insektensterben verbunden, aber nicht *ausschließlich* darauf zurückzuführen sind. Es gibt nicht *den einen* Grund für den Rückgang der Singvögel oder bestimmter Pflanzen, sondern deren mehrere, die zusammenwirken. Genauso wenig übrigens, wie es *den einen* Grund für das Bienen- oder das allgemeine Insektensterben gibt. Im Detail sind die Zusammenhänge verwickelter, was im folgenden Abschnitt noch genauer erläutert werden wird. Die Ökosysteme sind hochkomplex, irgendwie hängt alles mit allem zusammen.

Daher gilt: Der Rückgang der Insekten wirkt sich unmittelbar und mittelbar auf eine Vielzahl anderer Organismen und deren Funktionen im hochkomplexen Netz der Ökosysteme aus.

Biodiversität – wozu?
Oder: Brauchen wir eigentlich Stechmücken?

An dieser Stelle erscheint es angebracht, kurz innezuhalten: Dem ganzen Artenschwund zum Trotz haben wir immer noch mehr als genug zu essen; die Wiesen und Wälder sind immer noch grün, der Himmel weiß-blau und die Touristen strömen nach wie vor in Scharen ins schöne Deutschland. Artensterben hin oder her – *so* schlimm kann die Sache doch gar nicht sein – oder? Gut, ein paar Vögel weniger – na und? Und vielleicht werden wir dank des Insektensterbens jetzt nicht mehr so oft gestochen – prima!

Doch so einfach lassen sich die Dinge nicht abtun. Aber um ehrlich zu sein, sind selbst Biologen durchaus geteilter Auffassung darüber, ob es nun besonders tragisch ist oder nicht, wenn die eine oder andere Art durch Menschenhand ausstirbt.

Stellen wir uns im Rahmen eines Gedankenspiels doch einmal vor, es wäre möglich, alle Stechmücken der Erde gezielt auszurotten: Sollte man, oder sollte man nicht?

Das Argument derer, die dagegen sind, lautet: Stechmücken haben eine ökologische Funktion. Ihre Larven leben im Wasser und sind eine wichtige Proteinquelle für kleine Fische. Die werden von großen gefressen, welche ihrerseits unter anderem auf unserem Teller landen. Wollen wir also auch morgen noch Fisch essen, wäre es im ureigenen Interesse, die Stechmücken zu erhalten und ein kleines bisschen Blutzoll dafür in Kauf zu nehmen.

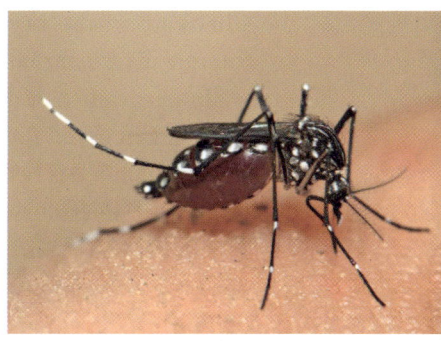

Eine Tigermücke der Art *Aedes aegypti* bei der Nahrungsaufnahme.

Ich selbst bin offen gestanden anderer Meinung, aber als vielfacher Tropenreisender zugegebenermaßen nicht ganz objektiv: Schon im Hinblick auf die fürchterlichen, von Mücken übertragenen Infektionskrankheiten wäre es in meinen Augen ein Segen, würden die Biester ein für alle Mal verschwinden.

Aber was ist dann mit den Fischen? Nun, ich denke, die würden trotzdem nicht verhungern. Denn im Wasser gibt es jede Menge Larven auch von nichtstechenden Mückenarten. Diese würden sich dank weniger Nahrungskonkurrenz umso besser entfalten können und so den Verlust kompensieren, der durch die Ausrottung ihrer blutsaugenden Verwandtschaft entstanden ist.

Was ich hiermit zeigen will, ist dies: Ökosysteme sind komplex und haben Pufferkapazitäten. Für ihr Funktionieren kommt es nicht zwingend auf jede einzelne Art an, nicht darauf, dass *alle* Arten für *alle* Zeiten erhalten bleiben; das ist im Lauf der Erdgeschichte ohnehin nie der Fall gewesen (über 99 Prozent aller Arten, die jemals gelebt haben, sind längst ausgestorben). In einem intakten Ökosystem ist es vielmehr die Regel, dass bei Ausfall einer Art deren »Aufgaben« durch andere Arten mit ähnlicher Lebensweise aufgefangen werden. Das ist wie beim Internet: Auch da tut der Ausfall eines einzelnen Computers der Funktionalität des Netzes an sich keinen Abbruch (jedenfalls solange dieselben Services an anderer Stelle des Netzes noch verfügbar sind).

Und genau das ist der Knackpunkt: Lege ich hinreichend viele Server lahm, vor allem an entscheidenden Knotenpunkten, geht das Netz in die Knie, und in unserer Informationsgesellschaft bricht

Chaos aus; nicht umsonst erforschen Militärs weltweit mit großer Energie die Szenarien eines *Cyberwar*.

In der Natur gilt dasselbe: Sterben hinreichend viele Arten aus oder sinken deren Bestände unter eine kritische Grenze, bricht die Funktionalität des betreffenden Ökosystems zusammen: Ein Kipppunkt wird überschritten. Das ist dann die ganz große Katastrophe.

Deshalb ist es ein Alarmzeichen, wenn die größte Tiergruppe der Erde weltweit im Sturzflug begriffen ist, unabhängig davon, ob der Verlust der einen oder anderen Art für uns unmittelbar spürbar ist oder nicht.

Kipppunkte oder: Et hätt noch emmer joot jejange

Eine grundsätzliche Unbekannte in den Netzwerken der Biosphäre ist, dass niemand deren Strapazierfähigkeit kennt. Klar ist nur, dass Ökosysteme umso anfälliger werden, je mehr die Biomasse abnimmt und je mehr Arten aussterben; schon allein deshalb ist es ein guter Rat, eine hohe Biodiversität zu erhalten. Wie ein Ökosystem auf Artenverlust reagiert, ist indes im Detail nicht immer gleich. In vielen Ökosystemen kann der Ausfall einzelner Arten anfänglich kompensiert werden. So lange bis der Kipppunkt erreicht wird, kommt es allenfalls zu einer moderaten Abnahme der bereitgestellten Ökosystemfunktionen, jenseits dessen geht es dann aber schnell, das System kollabiert.

Soweit die Theorie. In der Praxis sind die Wechselwirkungen zwischen den Arten meist wenig bekannt – abgesehen davon, dass schätzungsweise 80 Prozent aller Arten überhaupt noch unbeschrieben sind. Das reale Verhalten der meisten Ökosysteme (der Hauptanteil ihrer Biomasse wird oft durch nur einige wenige dominante Arten gestellt) wird aber wohl dem oben geschilderten Szenario folgen.[13] Wie wir aber gleich sehen werden, wäre es töricht, diese Vermutung als Freibrief dafür aufzufassen, dass wir im Umgang mit der Natur erst einmal so weitermachen können wie bisher, frei nach dem dritten Kölner Grundgesetz: »Et hätt noch emmer joot jejange.«

Anzeichen einer globalen Katastrophe: Die Dinosaurier lassen grüßen

Längst haben Wissenschaftler, wie gesehen, eine neue Epoche der Erdgeschichte postuliert: das Anthropozän, das Zeitalter des Menschen. Niemals zuvor hat eine einzelne Art den Planeten derart grundlegend umgestaltet, wie wir es weiterhin ungebremst tun.

Wissenschaftler messen den ökologischen Fußabdruck der Menschheit schon seit Längerem und können nachweisen, dass wir seit Anfang der 1970er-Jahre mehr natürliche Ressourcen verbrauchen, als die Erde reproduzieren kann. Inzwischen sind es im globalen Mittel die Ressourcen von 1,7 Planeten; Deutschland leistet sich gar den Luxus, auf Kosten von 3,2 Planeten zu leben. Wir haben aber nun mal nur einen einzigen zur Verfügung (siehe Grafik, Seite 197).

Die Folgen dieses schwerwiegenden politischen und ökonomischen Fehlverhaltens sind inzwischen überall erkennbar und werden in Zukunft weiter zunehmen: Ressourcenmangel, Anhäufung von Müll und toxischen Substanzen, Klimawandel, soziale Spannungen, Migrationsbewegungen – und eben die Biodiversitätskrise. Das Ganze vor dem Hintergrund einer noch immer exponentiell anwachsenden Erdbevölkerung.

In einer groß angelegten Analyse der planetaren Belastungsgrenzen kommen Forscher zu dem Schluss, dass der Verlust an genetischer Vielfalt und die Belastung der Umwelt durch Überdüngung diese Grenzen mit Abstand am stärksten überschreiten[14] (siehe Grafik, Seite 198 oben).

Dabei ist immer wieder zu betonen, dass nicht nur das globale Artensterben *per se* ein Problem ist. Denn die Biosphäre ist ja vom Rest des Planeten nicht abgekoppelt, sondern steht in Wechselwirkung mit anderen planetaren Systemen, was Verstärkungseffekte zur Folge haben kann. Die tropischen Regenwälder verschwinden beispielsweise in atemberaubendem Tempo durch Abholzung und Brandrodung. Zu den direkten Folgen gehören nicht nur das Aussterben von Arten, sondern auch Änderungen des Lokalklimas. Es regnet weniger und wird heißer. Ich selbst kenne den Regenwald Perús seit fast 15 Jahren und kann dies aus eigener Erfahrung be-

Die ökologischen Belastungsgrenzen der Erde ins Bild gesetzt: Im Bezug auf das Artensterben (im Bild links der in historischer Zeit ausgestorbene Dodo), den Stickstoffkreislauf (im Bild unten die mit Stickstoff und Phosphor überdüngte Ostsee) und die Klimakrise – in allen drei Bereichen haben wir die Grenzen bereits massiv überschritten (siehe auch Grafik, Seite 198 oben).

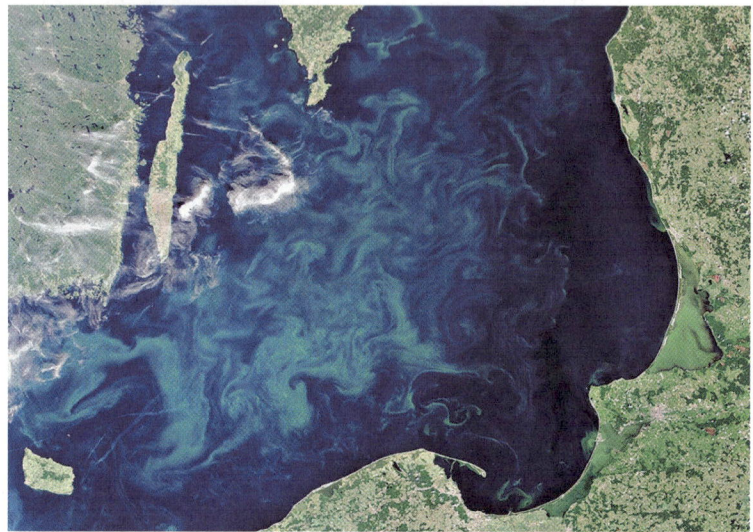

stätigen, auch dass diese Entwicklung weiteren Stress für die verbliebenen Waldrudimente verursacht. Und nun kommt es zusätzlich noch zur globalen Erwärmung. Forscher erwarten, dass bereits bei einem Anstieg der globalen Temperatur um 2 Grad Celsius (das entspricht dem international vereinbarten Klimaziel) ein Kipppunkt für den massiv geschrumpften und vorgeschädigten Rest der Wälder erreicht wird – das wäre das Ende für eines der artenreichsten Ökosysteme des Planeten, mit unabsehbaren Folgewirkungen.[15]

Dieses Satellitenbild zeigt das typische »Fischgräten«-Muster der Entwaldung für Sojaplantagen und Viehweiden im südlichen Amazonasbecken. Rot markiert sind aktuelle Entwaldungen seit 2000.

Das sechste große Massensterben

Im Lauf der Erdgeschichte sind immer Arten ausgestorben und neue entstanden. Die Rate, mit der das geschah, lässt sich aus dem Fossilbeleg durch Datierung anhand der geologischen Zeitskala ermitteln. Schon vor rund 15 Jahren wurden Anzeichen dafür gefunden, dass die heutige Aussterberate rund tausend Mal über dem erdgeschichtlichen »Grundrauschen« liegt. Diese Befunde haben sich zwischenzeitlich nicht nur erhärtet, sondern tendieren sogar gegen den Faktor Zehntausend. Forscher sprechen von einem »flächenhaften Kahlschlag« der Tierwelt (»Defaunation«) und sind sich inzwischen sicher: Das sind Anzeichen eines globalen Massenaussterbens.[16]

Nur fünf Mal in den vergangenen 542 Millionen Jahren, in der Ära höheren Lebens auf der Erde (dem Phanerozoikum), hat es Massensterben von vergleichbarer Intensität gegeben. Zuletzt passierte das vor 66 Millionen Jahren, als der Einschlag eines großen Asteroiden die Erde mit der Wucht von einer Milliarde Atombomben erschütterte und die bereits vorbelasteten Ökosysteme kollabieren ließ.

Zeugen dieser erdgeschichtlichen Katastrophe waren die damaligen Herrscher des Planeten, die Dinosaurier – und die haben bekanntlich nicht überlebt.

Bilanz des Schreckens: Wer oder was ist schuld?

Ein Ausflug aufs Land war für mich als Kind immer aufregend. Allzu viel gab es auf den Fluren zu sehen, zu entdecken, zu bestaunen. Die Getreidefelder waren bunt, blau und rot leuchteten Kornblumen und Klatschmohn zwischen den Getreidehalmen. Straßenränder und Feldwege waren gesäumt von bunten Blüten: Hornklee, Kronwicke, Wiesensalbei, Esparsetten und was es sonst alles gibt. Meine Großmutter hat mich einmal darauf aufmerksam gemacht, dass jeder Sommermonat seine eigene bestimmende Farbe habe. Solche Eindrücke waren einfach schön – und schienen mir selbstverständlich.

Aber von Selbstverständlichkeiten kann heute diesbezüglich keine Rede sein: Die Kornblumen sind längst verschwunden, die Straßenränder chirurgisch präzise gemäht, Monokulturen beherrschen das Bild, Städte, Gewerbegebiete, Straßen fressen das Land. Die Vielfalt von einst hat sich in die Einfalt von heute verwandelt.

Alternativlose Fakten: eine Bestandsaufnahme

Die Zwischenbilanz zur Lage der Dinge fällt düster aus:
- Es gibt ein Insektensterben nie dagewesenen Ausmaßes. Dieses kann nicht mit natürlichen Schwankungen (»guten« und »schlechten« Insektenjahren) erklärt werden, dazu ist der beobachtete Rückgang zu fundamental und allgemein.
- Erste deutliche Anzeichen für Folgewirkungen in den Ökosystemen sind bereits unübersehbar, teilweise betreffen sie schon direkt den Menschen (Bestäubung, Bienensterben).

– Das alles ist Teil einer globalen Biodiversitätskrise, die seit Langem absehbar war.
– Hinzu kommen weitere globale Bedrohungen wie Klimaerwärmung, Umweltverschmutzung und Ressourcenverknappung, die diese Krise zumeist noch verstärken.
– Niemand kennt die Kipppunkte der diversen Ökosysteme; aber die bisherigen fünf großen Massenauslöschungen der Erdgeschichte lehren uns, dass der Zusammenbruch schnell erfolgen kann.
– Ein Kippen der Ökosysteme hätte den Kollaps unserer Zivilisation zur Folge. Es gibt keinen Planeten B, auf den wir auswandern könnten.

Das Insektensterben ist also ein Menetekel. Alle Menschen, die ein Gefühl für die Veränderungen in der Natur haben, spüren: Es muss etwas geschehen! Wollen wir die Zukunft unserer Kinder nicht verspielen, *müssen* wir uns mit den Ursachen auseinandersetzen und damit, wie sie schnellstens abgestellt werden können. Das ist in unserem ureigensten Interesse – und das wäre wirklich »alternativlos«.

Komplexe Zusammenhänge: willkommen im Reich der Netzkausalität

Schon im Jahr 2005 erschien mit dem *Millennium Ecosystem Assessment* ein umfassender Zustandsbericht über die globalen Ökosysteme.[1] Enthalten sind klare Aussagen über die wesentlichen Triebkräfte der Veränderungen in den Ökosystemen und erste Indizien für ein globales Massensterben – und dass der Mensch hierbei massiv beteiligt ist. Als wichtigste allgemeine und direkt wirkende Triebkräfte werden genannt:
1) veränderte Landnutzung
2) Klimawandel
3) invasive Arten
4) Raubbau an natürlichen Ressourcen
5) Umweltverschmutzung.

Mit dem Insektensterben stehen vor allem die unter Punkt 1 und 4 gelisteten Ursachen in Zusammenhang. Sie bilden dabei aber nur den Rahmen; der Teufel steckt im Detail, denn es gibt nicht *die eine* Ursache des Insektensterbens. Es sind verschiedene Faktoren und all diese wirken in sehr komplexer Weise zusammen. Manche sind natürlichen Ursprungs, andere nicht; Kurzzeiteffekte überlagern sich mit Langzeittrends; eine Ursache kann unterschiedliche Wirkungen entfalten, die ihrerseits Folgewirkungen haben, welche sich gegenseitig beeinflussen (verstärken oder abschwächen) oder auch nicht; eine Wirkung kann auf viele Ursachen zurückzuführen sein; manche Faktoren wirken direkt, andere um zwei oder mehr Ecken; manche sind zur selben Zeit am selben Ort aktiv, andere nicht.

Kurzum: Das Insektensterben ist multikausal und die einzelnen daran beteiligten Faktoren sind innig miteinander verwoben. Der Fachmann spricht von nicht-linearen Wechselwirkungen und Netzkausalitäten. Wir haben es also mit einem schwer überschaubaren System zu tun, genau wie beim Klimawandel. Einzelverantwortlichkeiten verschwimmen im Zusammenspiel aller Ursachen, Wirkungen, Folgewirkungen und Querwirkungen und lassen sich nur schwer quantifizieren; so als möchte man einen glitschigen Fisch mit bloßen Händen greifen. Im Streitfall ein gefundenes Fressen für Juristen.

Diese Art »innerer Unschärfe« ist typisch für solche Systeme und erklärt, weshalb sich entsprechende Interessengruppen trauen, empört jeden Eigenanteil am Insektensterben von sich zu weisen. Ein geradezu lehrbuchmäßiges Beispiel geht aus einem Bericht der *Frankfurter Allgemeinen* vom 27. August 2013 hervor.[2] Darin wird beschrieben, wie sich ein Schweizer Agrarkonzern juristisch gegen einen EU-Beschluss wehrte, der die Verwendung dreier Insektengifte aus der Familie der Neonicotinoide (siehe Kasten, Seite 108) wegen eines befürchteten Risikos für Bienen einschränkte. Man warf der Europäischen Behörde für Lebensmittelsicherheit (EFSA) ein fehlerhaftes Verfahren sowie eine ungenaue und unvollständige Prüfung vor und behauptete, die Ursache für das Bienensterben seien nicht Insektizide, sondern »laut Experten Krankheiten, Viren, schwindender Lebensraum sowie mangelnde Nahrung«.

Daraus kann man viel über Netzkausalitäten lernen – und wie trickreiche Juristen damit umgehen. Es ist nämlich durchaus richtig, dass die genannten Faktoren *auch* am Bienensterben beteiligt sind, was aber die schädliche Wirkung der Neonicotinoide nicht zwingend ausschließt. Nur: Wie soll man dies bei einer derartigen Gemengelage genau feststellen können, zumal die genannten Ursachen nicht überall und zur selben Zeit in derselben Weise am Werk sind? Und jetzt wird es noch verzwickter: Forscher fanden heraus, dass Neonicotinoide in subletaler, also nicht tödlicher Dosis das Immunsystem von Bienen schwächen können. Damit ist es vorstellbar, dass Krankheiten und Virenbefall die Bienen nicht *an Stelle* der Insektizide töteten, sondern indirekt gerade *wegen* derselben. Mittlerweile schätzen Experten die Gefährlichkeit dieser drei Insektizide auf Bienen übrigens als derart hoch ein, dass sie nach mehrheitlichem Beschluss der EU-Mitgliedsländer vom 27. April 2018 endgültig für die Anwendung im Freiland verboten wurden.

Man kann sich in Anbetracht der Komplexität des Insektensterbens ganz sicher sein, dass der Streit über Ursachen und Verantwortlichkeiten auch in Zukunft weitergehen wird. Das ändert aber nichts an der Tatsache, dass man die Triebkräfte des Insektensterbens in unserem Land kennt, und zwar teilweise schon lange.

Es sind (1) die Auswirkungen der intensiven, industriellen Landwirtschaft und (2) des allgemeinen Flächenverbrauchs (»Flächenfraß«). Darüber herrscht unter (unabhängigen) Biowissenschaftlern längst weitgehender Konsens.

Vielfalt entstand über lange Zeiträume – mit dem Menschen

Um den aktuellen Einfluss dieser beiden Kardinalfaktoren zu verstehen, lohnt ein Blick in die Vergangenheit: Woher kommt eigentlich die Biodiversität in unserem Land, deren Rückgang wir so sehr beklagen?

Die Antwort darauf mag überraschen: Sie ist vielfach das Produkt menschlichen Wirkens.

Nach Ende der letzten Eiszeit veränderte sich der Charakter Mitteleuropas grundlegend. Die eiszeitliche Steppe verwandelte sich in Wälder und Sümpfe; die an diese Lebensräume angepassten Arten dominierten die Fauna und Flora. Noch zur Römerzeit war Deutschland vorwiegend Waldland, nachzulesen etwa in Tacitus' *Germania*.

Im weiteren Verlauf der Geschichte rang der Mensch der Natur immer mehr Fläche ab. Im Klimaoptimum des Mittelalters kam es zu Städtegründungen, Handelswege wurden auf- und ausgebaut. Wälder fielen der Rodung zum Opfer. Man benötigte Ackerland, Weiden sowie Holz als Bau- und Brennstoff. So entstanden nach und nach eine Fülle von neuen Landschaftsbestandteilen, die heute als besonders schützenswert gelten.

Schon in der Eisenzeit betrieb man Niederwaldwirtschaft. Wälder wurden auch als Weide für Vieh genutzt und veränderten dadurch ihren Charakter hin zu lichten bis fast offenen Hutewäldern. Auf dem Boden von abgeholzten oder abgebrannten Waldflächen entstanden nach und nach offene, nährstoffarme Flächen: Magerrasen, Heiden, Viehtriften gingen daraus hervor. Niedermoorstandorte wurden mühsam von Hand gemäht, um Schilf als Einstreu für die Viehställe zu nutzen – so entstanden die Streuwiesen, Charakterflächen der voralpinen Hügel- und Moorlandschaft. Zwischen den Rebstöcken der Weinberge, zwischen den Getreidefeldern siedelte sich Begleitflora an, Pflanzen, die heute als »Unkräuter« unerwünscht sind.

Diese Form der Landbewirtschaftung war *extensiv* und mit dem heutigen Raubbau an der Natur nicht zu vergleichen, auch wenn es durchaus Aktivitäten wie Trockenlegung von Feuchtgebieten, Brandrodung etc. gab. Veränderungen vollzogen sich aber allmählich und waren örtlich begrenzt, denn die Landbewirtschaftung war mühsam und die Bevölkerungsdichte gering.

Aus der ursprünglich relativ homogenen Waldlandschaft entwickelte sich so ein Mosaik aus offenen und bewaldeten Flächen; damit entstand eine Vielzahl von Nischen für Lebewesen, die es vorher nur sehr lokal und begrenzt gegeben hatte. Entsprechend angepasste Arten breiteten sich nun aus oder wanderten gar neu ein. Die Biodiversität wuchs mit der Zahl unterschiedlicher Nischen und erreichte ihr Maximum im 18. und 19. Jahrhundert.

Es gilt also festzuhalten: Der Mensch hatte zwar den Wald zurückgedrängt und damit, wenn man so will, ursprünglichen Lebensraum zerstört – aber weder rapide noch in einem solchen Ausmaß, dass die Lebensgemeinschaften der Wälder dadurch *insgesamt* gefährdet worden wären. Es gab zu dieser Zeit immer noch genug Wald und für die Lebewesen genügend »Trittsteine«, um von einem Wald über offenes Land zum nächsten Waldstück überwechseln zu können. (Die Landschaft war also noch nicht einmal ansatzweise so stark fragmentiert, wie sie es heute ist; siehe dazu Seiten 110ff.). Im Gegenzug für den Verlust an Wald waren neue Landschaftselemente entstanden. Dreifelderwirtschaft bestehend aus Wintergetreide, Sommergetreide und Ackerbrache sicherte den Landwirten Ertragssteigerung und den Tieren hinreichende Entwicklungs- und Rückzugsmöglichkeiten.

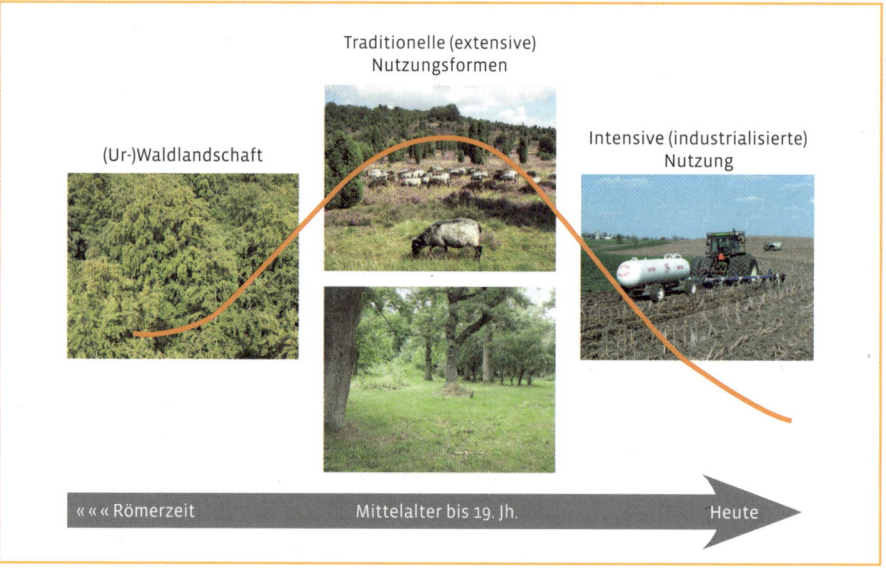

Schematische Entwicklung der Biodiversität in Abhängigkeit von der Landnutzung im Zeitverlauf. Man beachte den Peak aufgrund von extensiver Landnutzung.

Der entscheidende Unterschied zu heute: Die Menschen betrieben noch keinen generellen Raubbau an der Natur. Sie *schufen* großflächig neue Lebensräume, anstatt den Organismen großflächig die Existenzgrundlagen zu entziehen. Der Mensch war damals noch *Schöpfer*, nicht *Zerstörer* biologischer Vielfalt.

Das Diktat der Ökonomie zerstört Vielfalt

All das änderte sich etwa ab Mitte des 18. Jahrhunderts mit dem Einsetzen der industriellen Revolution, der Agrarrevolution und dem damit einhergehenden Gesellschafts- und Systemwandel. Manche Forscher verorten den Beginn der Epoche des Anthropozäns in dieser Zeit, da sie diesen Wendepunkt in der Geschichte für genauso bedeutsam, weil folgenschwer halten wie die Sesshaftwerdung des Menschen im Neolithikum.

Von nun an, und das gilt bis heute ungebremst, beanspruchte die wachsende Bevölkerung permanent mehr Lebensraum: Städte und Dörfer wuchsen, Fabrikanlagen schossen aus dem Boden, Handelswege wurden ausgebaut, das Straßennetz wurde dichter. Flächen wurden und werden vom Menschen für seine Zwecke umgestaltet und immer intensiver genutzt, gleichzeitig wird »wilde« Natur als unnütz angesehen und nach menschlichen Bedürfnissen umgeformt oder gar zerstört (siehe Kasten, Seiten 92 ff.). Im 19. Jahrhundert hielten Maschinen Einzug in die Landwirtschaft, im 20. Jahrhundert begann der Siegeszug von Kunstdünger und Pestiziden (siehe Seiten 98 ff.). Die Art der Landnutzung wandelte sich in die heutige *intensive, industrielle, hoch technisierte Landwirtschaft.* Das Maschinenzeitalter und eine zunehmende Mobilität gestatteten dem Menschen mehr Eingriffsmöglichkeiten in die Natur als je zuvor. Der auf Gewinnstreben basierende Kapitalismus trat seinen Siegeszug an.

Heute wird mehr als ein Drittel der bewachsenen Erdoberfläche landwirtschaftlich genutzt; Maschinen, Chemie und wissenschaftliche Sortenzucht sorgen für hohe Erträge pro Hektar. Lebensmittel gibt es im Überfluss (jedenfalls in den Industrienationen) und billig wie nie.

»Dies Bäumlein reißen wir noch aus ...« Systematische Veränderung der Landnutzung durch den Menschen

Bauernverbände bestreiten bis heute entgegen aller wissenschaftlichen Expertise eine Mitverantwortung am Insektensterben – unter Verweis auf dessen multifaktoriellen Charakter nach dem typischen, bereits gezeigten Argumentationsmuster. Doch allein der Augenschein genügt, um diese Auffassung zu widerlegen: Mehr als die Hälfte der Fläche Deutschlands ist landwirtschaftliche Nutzfläche. Deshalb ist es ganz selbstverständlich, dass Veränderungen, die dort stattfinden, einen *substanziellen* Einfluss auf Pflanzen- und Tierwelt haben. Insekten brauchen blütenreiche, vielfältig strukturierte Fluren, intakte Ufer und Wälder, chemisch unbelastete Natur. Solche Landschaften findet man heute nur noch selten. Im Jahr 2017 veröffentlichte das Bundesamt für Naturschutz (BfN) eine neue Rote Liste der gefährdeten Biotoptypen. Das erschreckende Ergebnis: Für knapp zwei Drittel der insgesamt 863 in Deutschland erfassten Biotoptypen ist die Gefährdungslage angespannt.[3] Die Biotoptypen der Flur ragen mit 79 Prozent dabei weit heraus. Nach Aussage der Präsidentin des BfN, Prof.Dr. Beate Jessel, spiegeln sich die Folgen dieser Entwicklung auch

Zwei Insektenparadiese: Wärme liebende Hochstaudenflur im Oberpfälzer Jura (links) und lichter Eichenmischwald in Unterfranken (rechts).

im dramatischen Rückgang von Lebewesen der Agrarlandschaft wider. Die Natur wurde in den vergangenen Jahrzehnten durch menschliche Aktivitäten in einem nie da gewesenen Ausmaß unter zweckdienlichen, ökonomischen Aspekten umgestaltet. Lebensräume und Artenvielfalt gingen dadurch verloren.

Nutzungsaufgabe und Sukzession

Allein durch Nutzungsaufgabe, also durch Nichtstun, ändert sich der Charakter von Biotopen. Insbesondere das Offenland ist davon betroffen. Die Reduzierung extensiver Beweidung etwa führt zur allmählichen Rückverwandlung offener Flächen in Wald (Sukzession; s. Abb. S. 94). Durch gezielte Maßnahmen der Landschaftspflege wird heute versucht, frühere Nutzung zu simulieren, mit unterschiedlichem Erfolg.

Flurbereinigung

... ist Teil eines sogenannten Bodenordnungsverfahrens, das in Deutschland vor allem in den 1960er- und 1970er-Jahren die Landschaft drastisch veränderte – unter dem Vorzeichen, eine Verbesserung der Arbeits- und Produktionsbedingungen zu bringen. Landschaft wurde ausgeräumt, von als überflüssig oder hinderlich angesehenen Details bereinigt: Hecken, Bäume und Büsche wurden abgeholzt, Bachläufe begradigt, Feldwege betoniert – die Liste ist lang. Die historisch gewachsene kleinteilige, strukturreiche Kulturlandschaft verwandelte sich teilweise in riesige monotone, mit Winkelmaß und Zirkel neu gestaltete Flächen, auf denen Intensivlandwirtschaft betrieben wird und die nur noch wenig Lebensraum für Kleintiere bietet. Heute wird zwar versucht, auch Aspekte des Umwelt- und Naturschutzes zu integrieren (zum Beispiel durch vorgeschriebene Ausgleichsmaßnahmen) – aber das Kind ist schon vor Jahrzehnten in den Brunnen gefallen.

Monokulturen

In der industriell betriebenen Landwirtschaft beherrschen heute auf weiten Flächen Monokulturen das Bild: Hier wird über Jahre hinweg unter Einsatz von viel Chemie ein- und dieselbe Nutzpflanze angebaut. Das leistet unter anderem der Bodenerosion und einer massiven Verarmung der Ackerbegleitflora und -fauna Vorschub. Außerdem

Schema der Sukzession eines Magerrasens. In der ursprünglich niedrig wachsenden, kräuterreichen Vegetation (links) breiten sich zunächst Hochstauden, später Sträucher und Büsche aus (Mitte), bis dis Fläche sich schließlich zum Wald fortentwickelt hat. In einem bestimmten Übergangsstadium dieser Klimax, wenn Trockenrasen, Hochstauden, Gebüsche, Waldsäume und Bäume nebeneinander existieren, steigt die Artenvielfalt sogar kurzfristig an, fällt jedoch mit zunehmend dichterem Bewuchs rasch ab.

ist die Bodenfruchtbarkeit bedroht, die nicht beliebig durch immer mehr Dünger wieder aufgebaut werden kann. Seit der Energiewende haben bei uns monotone Maisäcker noch weiter zugenommen. In den Tropen werden ursprüngliche Regenwälder vernichtet und durch Palmölplantagen ersetzt.

Konventioneller Waldbau

Auch in der Forstwirtschaft setzte man zumindest in der Vergangenheit oft auf Monokulturen, zum Beispiel mit der schnellwüchsigen Fichte. Dank des Klimawandels – die Fichte kann ausgeprägte Trockenperioden nur schwer überstehen – ist zwischenzeitlich ein Umdenken festzustellen. Allerdings droht hierbei schon neue Gefahr, denn nun sollen verstärkt robuste, fremdländische Arten wie die Roteiche angepflanzt werden. Diese kann aber von den meisten einheimischen Insektenarten nicht als Nahrungsquelle genutzt werden, dafür steigt das Risiko der Einschleppung gebietsfremder Arten. Dazu gibt es auch schon einen Präzedenzfall: Der nordamerikanische Roteichen-Zwergwickler *Bucculatrix ainsliella*, ein Kleinschmetterling, breitet sich bereits in Deutschland aus.

Eine artenarme Fichten-monokultur

Mähen auf Teufel komm raus

Früher wurde Grünland selten, allenfalls ein- bis zweimal pro Jahr gemäht. Mit der Intensivierung der Landwirtschaft hat sich das drastisch geändert: Man mäht gedüngte Wiesen heute bis zu sechsmal pro Jahr, unter Einsatz hocheffektiver Maschinen.

Moderne Mähwerke sind wahre Todesfallen; kommt ein sogenannter Aufbereiter zum Einsatz, sterben rund 60 Prozent aller auf den Pflanzen sitzenden Insekten.[4] Vielfach wird innerhalb weniger Stunden eine riesige Fläche gemäht und gleich für das Silo (oder, immer öfter zu beobachten, für die Biogasanlagen) abgeräumt. Insekten, die das Mähen überlebt haben, finden oft keine Ausweichflächen mehr. Außerdem verschwinden bei zu häufiger Mahd empfindliche Pflanzen – und mit ihnen jene Insekten, die von ihnen leben. Häufig gemähte Biotope veröden rasch zu »grünen Wüsten«.[5]

Radikal gemähtes Grünland. Gut fürs Geschäft, schlecht für die Artenvielfalt.

Wir erlauben es uns sogar, Mais und andere (Energie-)Pflanzen anzubauen, aber nicht um sie zu essen, sondern um aus deren Vergärung Energie zu gewinnen.

Die Kehrseite: Das Diktat unseres heutigen Wirtschaftens im Zeichen von Profit- und Ertragsmaximierung führte innerhalb weniger Generationen zu einem fatalen Ungleichgewicht zwischen Ökologie und Ökonomie. Monetärer Reichtum und Wohlstand wurden und werden durch Verlust an ökologischer Vielfalt und natürlichen Ressourcen erkauft.

Weltweit lebt der Mensch heute auf Kosten der natürlichen Ressourcen und lebt so, als gäbe es einen oder mehrere Planeten B (siehe Grafik, Seite 197). Bereits seit Anfang der 1970er-Jahre leben wir sozusagen auf Pump, der Mensch ist seither nicht mehr nur Mitbewohner des Planeten, sondern hat sich zum *Schädling* entwickelt. Gemäß des biblischen Auftrags haben wir uns die Erde untertan gemacht – ohne die mitgelieferte Gebrauchsanleitung zu beachten.

Wo sind Kühe, Schweine, Hühner – und Bauern?

Die Erschließung und Nutzung fossiler Energiequellen im frühen 20. Jahrhundert forcierte eine beispiellose Veränderung der Landwirtschaft. Aufmerksame Naturbeobachtung (wie sie etwa ihren Niederschlag in den alten Bauernregeln fand) wurde dank Chemie und Technik überflüssig.

Die ökonomischen Zwänge des industriellen Zeitalters fordern einen hohen Preis von Natur und Mensch. Neben den genannten ausgeräumten Landschaften sind auch »unsichtbare« Tiere und stille Höfe die Folge – und ein genetisch verarmtes Einheitsangebot aus der landwirtschaftlichen Massenproduktion.

Bezeichnend ist, dass Deutschland nach Zahlen des Bundesministeriums für Ernährung und Landwirtschaft bei Fleisch, Milch und Weizen eine erhebliche Überproduktion hat (mit einem Selbstversorgungsgrad von 117 bis 145 Prozent), dafür mit Obst und Gemüse aus eigener Produktion unterversorgt ist (35 Prozent).[6] Stolz verweist man darauf, dass ein Landwirt heute 135 Menschen ernähren kann; 1950 waren es nur 10.[7] Dazu ist allerdings anzumerken,

Intensiv bewirtschaftete Felder und versiegelter Boden mit blütenlosen Randstreifen, übergehend in das Naturschutzgebiet »Am Keilstein« in Regensburg. Die Wirtschaftsfläche ist sehr artenarm und bewegt man sich entlang eines Transekts in das Schutzgebiet hinein, nimmt die Biodiversität in der Übergangszone mit jedem Meter zu.

dass unter dem Druck der Industrialisierung und Ökonomisierung von Landwirtschaft auch ein massives Sterben kleiner Höfe und Betriebe eingesetzt hat. Nach Quellen des Statistischen Bundesamts und des Bundesministeriums für Ernährung, Landwirtschaft und Verbraucherschutz gab es im Jahr 1960 im alten Bundesgebiet noch 1,5 Millionen landwirtschaftlicher Betriebe; im Jahr 2017 waren es im gesamten Bundesgebiet (also einschließlich der ehemaligen DDR) nur noch 268.000.[8] Die Kleinen verschwinden, wenige Große bleiben übrig, werden immer größer und überschwemmen den Markt mit billiger Massenware.

Ganz sicher geben sich nicht alle Landwirte diesem System freiwillig hin. Nach meinen Vorträgen höre ich immer wieder die Klage, dass politische Entscheidungen und ökonomische Zwänge oftmals keine andere Wahl ließen. Doch immer mehr Verbraucher lehnen die Auswüchse dieser industriellen, von Konzernen abhängigen Landwirtschaft ab. Sie vermissen die Tante-Emma-Läden, die kleinen Hofbetriebe, die Sortenvielfalt, frei laufende Hühner, Schweine und Rinder, qualitativ hochwertige Ware. All das gibt es heute allzu selten.

Dabei boomt die Bio-Welle. Die Nachfrage ist also da, und erfreulicher Weise ist auch die Tendenz im Ökolandbau steigend: Nach Zahlen des Bundesministeriums für Ernährung und Landwirtschaft hat sich die ökologisch bewirtschaftete Fläche in Deutschland seit 1996 mehr als verdreifacht und die Zahl der Biobetriebe gar verzehnfacht (auf heute 10 Prozent).[9] Allein: Das ist noch immer viel zu wenig. Auch unter dem Gesichtspunkt der Biodiversität halten Naturschutzverbände 25 Prozent für erforderlich.

Vergleicht man die Artenvielfalt in intensiv genutztem Offenland mit der im Ökolandbau, zeigen sich markante Unterschiede. Nach einer Erhebung des WWF ist die Vielfalt von Ackerwildkräutern auf ökologisch bewirtschafteten Flächen bis zu neunmal höher.[10] Liegen intensiv bewirtschaftete Agrarfläche und naturnahe Fläche direkt nebeneinander, lässt sich der Unterschied mit Hilfe des sogenannten Transekt-Verfahrens besonders eindrucksvoll quantitativ demonstrieren. Dabei zählt man die vorkommenden Tier- und Pflanzenarten entlang einer definierten Strecke, die sich durch die unterschiedlichen Landschaftstypen zieht. Die enge Kopplung zwischen der Art und Weise der landwirtschaftlichen Nutzung und der Biodiversität ist eindeutig: Artenvielfalt kam mit der Extensivierung und geht mit der Intensivierung.

Wir ersticken an Stickstoff: Der Feind kommt aus der Luft

Das Ertragspotenzial einer Nutzpflanze wird durch die Verfügbarkeit essenzieller Mineralstoffe begrenzt, wichtig sind unter anderem Phosphor, Stickstoff und Kalium. Sind diese Elemente nicht ausreichend verfügbar, kommt es zu Mangelerscheinungen und Ertragseinbußen. Um das Nährstoffangebot für Pflanzen zu verbessern bzw. im Optimum zu halten, werden Düngemittel eingesetzt.

Der Kunstdüngereinsatz stieg weltweit von 4 Megatonnen im Jahr 1940 auf 150 Megatonnen im Jahr 1990 und nimmt noch immer zu. In Deutschland ist der Absatz inzwischen etwas rückläufig, wenn auch immer noch deutlich zu hoch. Da Herstellung und Ausbringen von Dünger energieaufwändig sind, verbraucht die intensive Landwirtschaft mehr Energie, als sie in Form von Lebensmitteln erzeugt!

Kollateralschäden der industriellen Landwirtschaft

Billigware erfreut viele Verbraucher, sie hat aber trotzdem ihren (hohen) Preis für Mensch und Umwelt. Neben dem Verschwinden kleinbäuerlicher Betriebe, der Flurbereinigung, den Monokulturen und dem Artensterben folgen einige weitere Auswüchse der modernen neuen Agrarwelt, über die nicht gerne gesprochen wird:

Sortenverluste, genetische Verarmung

Bei uns regeln Staat und EU, was auf den Tisch kommt. Die EU-Sortenzulassung bestimmt Sorten, Größe und Form unserer Gemüse. Das Saatgutverkehrsgesetz verbietet den Handel mit amtlich nicht zugelassenen Sorten und diskriminiert Vielfalt. Von den rund 15.000 weltweit beschriebenen Tomatensorten kommen in unseren Supermärkten nur Bruchteile an. Auch die Anzahl von Haustierrassen ist drastisch gesunken. Genetische Verarmung bei Nutzpflanzen und -tieren ist direkte Folge dieser Politik.

Steigender Einsatz von Kunstdünger und Pestiziden

Hohe Erträge bei Monokulturen sind nur durch massiven Einsatz von Chemikalien zu erzielen – mit allen Wirkungen und Nebenwirkungen (siehe dazu Seiten 98 ff.).

Massentierhaltung

Laut Duden die »technisierte Tierhaltung in Großbetrieben zur Gewinnung möglichst vieler tierischer Produkte«. Viele Menschen halten das hingegen für staatlich legalisierte Tierquälerei zur Profitmaximierung. Um sich darüber ein Urteil zu bilden, empfiehlt sich zum Beispiel ein Blick auf die Webseite der Albert-Schweizer-Stiftung.[11]

Eintagsküken

Männliche Küken sind in der industriellen Legehennenzucht unerwünschtes Nebenprodukt. Sie werden aus wirtschaftlichen Gründen kurz nach dem Schlüpfen aussortiert und vergast oder landen im Schredder – alljährlich rund 48 Millionen Lebewesen.

Gülle in Fülle

Als Folge der Massentierhaltung »stinkt es zum Himmel«. Nicht alle Gülle landet in der Biogasanlage, viel wird auf die Felder als Dünger ausgebracht – eine wesentliche Quelle für die Belastung des Grundwassers mit Nitrat. Ammoniak und andere Stickstoffverbindungen sorgen für Düngung über die Luft (siehe Seite 101).

Klimawirksame Spurengase

Ausdünstungen der Tiere und ihrer Gülle führen der Atmosphäre steigende Mengen an klimawirksamen Gasen wie Kohlenstoffdioxid (CO_2), Methan (CH_4) und Lachgas (N_2O) zu. Das kurbelt die globale Erwärmung an. Nach Untersuchungen von Forschern am Max-Planck-Institut für Meteorologie geht der Anstieg von Klimagasen in der Atmosphäre zu mindestens einem Drittel auf das Konto der Landwirtschaft.[12]

Antibiotika in der Tierhaltung – Gefahr für Leib und Leben

Massentierhaltung erzwingt einen erhöhten Einsatz von Antibiotika. Deutschland ist europaweit größter Tierproduzent und drittgrößter Abnehmer von Antibiotika für die Tierproduktion.[13] Die Hälfte des Antibiotika-Eintrags in die Umwelt geht auf das Konto der intensiven Landwirtschaft. Subletale Dosen von Antibiotika führen in der Natur zur Selektion von multiresistenten Keimen. Da bei Bakterien Resistenzgene auch über Artgrenzen hinweg auf Krankheitserreger übertragen werden können, ist dies eine Zeitbombe für unsere Gesundheit.

Die Energiewende: Hurra, wir retten das Weltklima!

Deutschland hat den Ausstieg aus der Kernenergie und eine mittelfristige Abkehr von der Kohle beschlossen. Die Kehrseite: knapp 20 Prozent der Landwirtschaftsfläche dient inzwischen dem Anbau von Energiepflanzen wie Mais. Das belastet die Umwelt noch weiter (Dünger, Pestizide) und treibt das Artensterben voran.

Der Weltagrarrat fordert schon seit vielen Jahren eine Rückkehr zu traditionellen Anbauweisen. Weshalb beim heutigen Wissensstand intensive Landwirtschaft mit all ihren Kollateralschäden noch immer derart stark subventioniert wird wie innerhalb der EU und der Ökolandbau noch immer ein Schattendasein fristet, ist angesichts all dieser Erkenntnisse nicht nachvollziehbar.

Für terrestrische Ökosysteme sind vor allem Stickstoffdünger ein großes Problem. Dessen ausgiebige Anwendung erzeugt einen massiven Stickstoffüberschuss im Naturhaushalt. Nach Zahlen des Umweltbundesamts liegt er heute bei etwa 100 kg/ha landwirtschaftlich genutzter Fläche.[14] Der Löwenanteil der Emissionen (63 Prozent) geht dabei auf das Konto der Landwirtschaft. EU-weit sind heute fast zwei Drittel aller natürlichen Flächen überdüngt – die Natur erstickt förmlich am Stickstoff!

Das hat eine Reihe weitreichender und schwerwiegender Folgen: Eutrophierung (Nährstoffbelastung) von Gewässern und terrestrischen Ökosystemen, Nitratbelastung des Grundwassers aus Gülle und Mineraldünger, Versauerung von Böden und die Freisetzung von Lachgas als hochpotentes Treibhausgas.

Ein zentrales Problem ist die hohe Mobilität der Verbindungen im Rahmen des Stickstoffkreislaufs der Erde; sie verteilen sich umfassend in der Umwelt und entfalten so ihre Wirkung *überregional*, auch weit entfernt von den Orten ihrer Entstehung oder Ausbringung. Die allgegenwärtige Stickstoffbelastung wird damit zu einem der wesentlichsten Gründe, weshalb die Insekten auch in Schutzgebieten so deutlich rückläufig sind – denn der Feind kommt aus der Luft. Die sogenannte Luftdüngung mit Stickstoff ist mittlerweile ein flächendeckendes Problem. Lag sie in vorindustrieller Zeit noch bei etwa 1 bis 2 kg Stickstoff pro Hektar und Jahr, liegt der Wert heute im Durchschnitt bei 18 kg. Spitzenreiter ist das Münsterland mit gemessenen Werten von 20 bis 81 kg N/ha/Jahr.[15]

Die Auswirkungen auf die Artenvielfalt sind verheerend, denn gut gedüngte Pflanzen sind schlechtes Insektenfutter. Es ist eine alte Weisheit bei Schmetterlingszüchtern, dass saftige, kräftig gewachsene Pflanzen bei den Raupen Durchfall und Tod zur Folge haben; wohl eine Folge der Bildung schädlicher Inhaltsstoffe wie Nitrate oder Nitrite. In der Natur werden deshalb bevorzugt solche Pflanzen mit Eiern belegt, die im Nährstoffmangel stehen; Insekten erkennen das vermutlich an einem besonderen Duftbouquet der Pflanzen. Sogar Allerweltsarten wie Tagpfauenauge und Kleiner Fuchs, die von Brennnesseln leben, machen das so. Brennnesseln sind Stick-

Zwei Ausschnitte aus einem Kalkmagerrasen im Altmühltal. Links: Niedrige, kräuter-
reiche Pflanzengesellschaft im oberen Teil des Hanges mit weitgehend ungestörtem
Aspekt. Rechts: In den unteren Bereichen des Hanges macht sich der Eintrag von
Nährstoffen stark bemerkbar und führte zum Aufwuchs hoher Gräser und Glatthafer
(*Arrhenatherum elatius*): ein strukturell und pflanzensoziologisch stark veränderter
Lebensraum mit deutlich verschobener und verarmter Flora und Fauna.

stoffzeiger, ihnen macht Überdüngung also nichts aus, aber dort,
wo sie in Saft und Kraft gedeihen, sucht man die Raupen vergeblich.
Das ist der Grund, weshalb selbst die Populationen dieser häufigen
»Nesselfalter« heute auf weiter Fläche gesunken sind.

Stickstoff meidende Pflanzen verschwinden zunehmend, und
mit ihnen auch jene Insekten, die auf diese Pflanzen als Nahrungsquelle angewiesen sind. Magerrasen und Heiden vergrasen. Die
ursprünglich lückig stehenden, sehr kräuterreichen Pflanzengesellschaften mit eher geringer Wuchshöhe verwandeln sich in monotone Graslandschaften mit großer, üppiger Wuchshöhe. Das ist
experimentell nachvollzogen und kann heute in allen Stadien des
Wandels im Freiland beobachtet werden – selbst in hochwertigsten
Naturschutzgebieten.[16] Der Stickstoff liebende Glatthafer (*Arrhenatherum*) breitet sich heute in Magerbiotopen zunehmend aus und
ist einer der Indikatoren für das Desaster.

Eine Kaskade weiterer Wirkungen schließt sich an: Die Anzahl an
Blütenpflanzenarten sinkt mit dem Grad der Eutrophierung. Hoch-
wachsende Gräser hindern Insekten daran, an niedrig wachsende
Kräuter zur Nektaraufnahme und/oder Eiablage zu gelangen. Der

Hochwuchs führt zu einer signifikanten Veränderung des Kleinklimas in Bodennähe. War der ehemals kurzrasige, offene Magerrasen von Hitze und Trockenheit geprägt, ist es nun in Bodennähe kühler und feuchter geworden. Das tolerieren die Larvenstadien der Magerrasenspezialisten in der Regel nicht.

Übrigens geht infolge des Überangebots an Stickstoff auch die Fruchtkörperbildung bei vielen Wildpilzarten zurück. Falls Sie sich also schon gefragt haben sollten, warum es früher so viel mehr Rotkappen, Grünlinge, Heideschleimfüße & Co. gab, kennen Sie jetzt einen wichtigen Grund dafür.

Kein gift'ger Land in dieser Zeit

Pflanzenschutzmittel (Pestizide) sollen unsere Feldfrüchte vor unerwünschten Unkräutern, Viren, Mikroorganismen, Schimmelpilzen und tierischen Schädlingen schützen (siehe Kasten, Seiten 108f.). Ein grundsätzlich vernünftiges Ansinnen, wenngleich mit schlimmen Nebenwirkungen. Denn die Gifte erfassen auch Nichtzielorganismen und verbreiten sich in der Umwelt; mit dieser überregionalen Wirkung stellen sie neben der Luftdüngung eine zweite zentrale Bedrohung unserer Artenvielfalt dar, auch in Schutzgebieten.

Dabei steigt der Absatz rasant an: Nach Daten des Umweltbundesamtes waren es 1998 in Deutschland noch rund 35 Kilotonnen, inzwischen sind es 47 bis 48 Kilotonnen. Hinzu kommt, dass heutige Pestizide wesentlich potenter sind als frühere Generationen. Dazu das Umweltbundesamt:[17]

> »In zahlreichen wissenschaftlichen Studien wurde nachgewiesen, dass Pflanzenschutzmittel über die Nahrungskette indirekt eine der Hauptursachen für Bestandsrückgänge bei verschiedenen Feldvogelarten (…) sind. Auch der weltweit beobachtete Rückgang von Blütenbestäubern wird in einen Zusammenhang mit dem Rückgang von Blütenpflanzen gestellt. Nicht zuletzt können unerwünschte Nebenwirkungen des Pflanzenschutzmitteleinsatzes auch für die behandelten landwirtschaftlichen Flächen selbst ein Problem darstellen, etwa über Beeinträchtigungen der Bodenfruchtbarkeit durch Schädigung wichtiger Bodenorganismen.«

Herbizideinsatz führt zu chemisch »gereinigten« Äckern, auf denen hinterher nur noch das wächst, was man haben will; oftmals werden auch noch die Ackerränder miterfasst. Das führt zwangsläufig zu einer Verarmung der Ackerbegleitflora, was allen Tieren die Nahrungsgrundlage entzieht, die direkt oder indirekt von solchen Pflanzen leben. So ist etwa der Kornblumen-Plattleibfalter *(Agonopterix laterella)* heute vom Aussterben bedroht. Insektizide erfassen auch Nützlinge und geschützte Arten an den Ackerrändern und, wenn sie sich in der Umwelt verbreiten, auch anderswo. Vor allem die hochtoxischen Neonicotinoide (kurz »Neonics«) stehen derzeit im Zentrum der Kritik, weil man ihnen einen erheblichen Einfluss auf den Rückgang von Blütenbestäubern zuschreibt.

Eine ständig wachsende Zahl von Befunden belegt die Verbreitung von Pestiziden in der Umwelt. Einige Beispiele:

– Im Jahr 2008 starben im Rheintal über 11.000 Bienenvölker an Vergiftung mit einem Neonicotinoid; Ursache war Abrieb von gebeiztem Maissaatgut.[18]

– Der Vinschgau in Südtirol ist geprägt von Apfelbaumplantagen, die intensivst mit Pestiziden behandelt werden (etwa 42 kg/ha). Meine Kollegen vom Tiroler Landesmuseum haben die Schmetterlingsfauna des Vinschgaus untersucht und dabei festgestellt, dass sich Auswirkungen noch in Höhen von 300 m über Talgrund zeigen, mutmaßlich aufgrund thermischer Windverdriftung: blütenreiche Bergwiesen, in denen Insekten Mangelware sind; ein durchaus verstörender Anblick.[19]

– Honigproben aus allen Teilen der Welt sind zu 75 Prozent mit Neonicotinoiden belastet, viele davon sogar mit einem Cocktail unterschiedlicher Neonics; dies zwar nicht mit einer *für Menschen* gefährlichen Menge, aber fast die Hälfte wies Konzentrationen auf, von denen subletale Wirkungen auf Bienen bekannt sind (siehe Kasten, Seite 108).[20] Aufgrund dieser Befunde ist es wahrscheinlich, dass heute ein großer Teil der Blütenbestäuber weltweit von Neonics in Mitleidenschaft gezogen wird.

KAPITEL 4

– Forscher in den Niederlanden belegten eindrucksvoll, wie Insektizide auf die Nahrungsnetze zurückschlagen.[21] Sie fanden einen hochsignifikanten Zusammenhang zwischen dem Einsatz eines Neonics und Vogelpopulationen in der Flur. Der Rückgang fällt zeitlich mit dem Einsatz von Imidacloprid in den 1990er-Jahren zusammen und ist in Regionen, wo besonders viel versprüht wird, auch besonders hoch. Vermutlich verhungern oder verschwinden die Vögel aufgrund des Insektenmangels, aber es ist auch nicht auszuschließen, dass der Stoff direkt toxisch wirkt, wenn die Vögel vergiftete Insekten fressen.

Wissenschaftler und Umweltschützer kritisieren schon lange die Art und Weise des Zulassungsverfahrens für neue Pestizide in der EU. Die Forschung der Industrie erfolgt in Eigenregie und unter strenger Geheimhaltung; Studien zur Unbedenklichkeit für Mensch und Umwelt werden von den Firmen selbst in Auftrag gegeben, bleiben deren Geschäftsgeheimnis und werden nicht veröffentlicht. Eine unabhängige Prüfung ist somit nicht möglich.

Auch wird bemängelt, dass subletale Wirkungen von Pestiziden und Nebenwirkungen auf Nichtzielorganismen nur unzureichend untersucht werden. Allzu oft hat ja die Geschichte bewiesen, dass neue Pestizide zugelassen wurden und später verboten werden mussten, weil sich gravierende Auswirkungen auf die Ökosysteme oder die menschliche Gesundheit manifestierten. Aktuelles Beispiel ist das Verbot der Freilandanwendung dreier als besonders bienengefährlich geltender Neonics in der EU vom 27. April 2018.

So ein Verbot ist grundsätzlich einmal erfreulich für die Umwelt. Aber man gebe sich nicht der Illusion hin, dass damit alles gut sei. Andere Insektizide bleiben ja zugelassen, und längst hat die Industrie schon wieder neue Wirkstoffe in der Schublade: Sulfoxaflor, Flupyradifuron, Cyantraniliprol und wie sie alle heißen. Sollte sich in Zukunft herausstellen, dass auch diese Stoffe mehr Schaden anrichten als sie nutzen, wird sich erneut eine zähe juristische Auseinandersetzung entspinnen, und selbst wenn es irgend-

Intensiv bewirtschaftete Flächen bieten kaum Überlebenschancen für Insekten (links); blütenreiche Begleitflora von Feldern findet man heute praktisch nur noch im Ökolandbau (rechts).

wann zu einem Verbot kommen sollte, steht die nächste Generation von Insektiziden zweifellos schon in den Startlöchern. Das erinnert an die Legende von der Hydra: Kaum schlägt man einen Kopf ab, wachsen neue nach. Ohne einen grundlegenden Systemwandel wird sich diese Spirale weiterdrehen.

Abgesehen von den Schäden für die Biodiversität ist eines sicher: Für den Menschen *gesund* sind Pestizide keinesfalls. Ob sie uns im Einzelfall *schaden*, ist die Frage und – da es ums Geschäft geht – oftmals auch heiß umstritten. Eine im Auftrag der Umweltschutzorganisation Greenpeace erstellte »schwarze Liste« führt insgesamt 209 Substanzen auf, die man als besonders bedenklich für Mensch und Umwelt betrachtet.[22] Viele von ihnen stehen im Verdacht, hormonschädigend, erbgutschädigend und krebserregend zu sein. Nach Erkenntnissen von Greenpeace sollten mehr als ein Drittel der in Europa verwendeten Pestizide verboten werden.

Das sieht die Wirtschaft natürlich ganz anders; Kunstdünger, genetisch verändertes oder anderweitig patentiertes Saatgut und Pestizide sind ein Milliardengeschäft. Kritik am Einsatz von Pestiziden wird daher nicht gerne gehört – und oft werden Gegenstimmen mit harten Bandagen bekämpft.

Als der Forscher Tyrone Hayes von der University of California, Berkeley, schädliche Wirkungen des (in der EU inzwischen verbotenen) Herbizids Atrazin dokumentierte und öffentlich machte, wurde er dafür nach allen Regeln der Kunst attackiert. Man versuchte Hayes in Misskredit zu bringen, griff seine wissenschaftliche

Reputation an, wollte die Herausgeber wissenschaftlicher Journale dazu bewegen, Hayes' Arbeiten zurückzuziehen, und klopfte sein Privatleben auf mögliche Schwachstellen ab. Die ganze Geschichte kann in einem ausführlichen Artikel von Rachel Aviv im *The New Yorker* vom 10. Februar 2014 nachgelesen werden.[23] Ein weiteres Beispiel betraf vor Kurzem das Kampagnen-Netzwerk Avaaz.[24] Auf Antrag des Chemiekonzerns Monsanto hat das Oberste Gericht des US-Staats New York angeordnet, dass das Netzwerk sämtliche internen Daten über seine Glyphosat-Kampagne an den Konzern herausgeben muss, also auch die gesamte E-Mail-Korrespondenz der Online-Aktivisten mit Bürgern aus der ganzen Welt. Das Ansinnen konnte inzwischen dank engagierten Einsatzes abgeschmettert werden.

Einschüchterungsversuche gibt es natürlich auch vor unserer Haustüre, etwa in der kleinen Gemeinde Mals im Südtiroler Vinschgau. Dazu ein wenig mehr im Kapitel 9 (Seite 183) – oder in aller Ausführlichkeit nachzulesen im Buch »Das Wunder von Mals«[25] von Alexander Schiebel, gegen den die Südtiroler Landesregierung Anzeige wegen »übler Nachrede und Verbreitung von Falschinformationen« erstattet hat.

Ohne Gifte und Flurbereinigung sieht eine gewachsene Agrarlandschaft so aus wie das Beispiel aus Siebenbürgen (Rumänien).

Ein kleiner Blick in die Hexenküche

Schädlingsbekämpfungsmittel werden im Sprachgebrauch der Landwirtschaft gerne als »phytomedizinische Wirkstoffe« bezeichnet, als »Arzneimittel für Pflanzen«. Tatsächlich handelt es sich um Gifte mit Nebenwirkungen für Mensch und Umwelt. Derzeit sind bei uns etwa 270 verschiedene Wirkstoffe im Einsatz; man erkennt sie in der Regel an der Endung -zide und die bekanntesten sind dazu da, Unkräuter, Insekten und Pilze abzutöten (und viele weitere unerwünschte Lebewesen).

Pflanzenvernichtungsmittel (Herbizide)

dienen der Bekämpfung sogenannter Unkräuter. Am bekanntesten ist das Totalherbizid Glyphosat, das unselektiv alle Pflanzen abtötet, sofern sie nicht durch genetische Manipulation resistent gemacht wurden. Die Substanz ist in der Umwelt inzwischen überall verbreitet und findet sich häufig auch im menschlichen Urin wieder. Ob sie das Hormonsystem schädigt und Krebs auslösen kann, ist bis heute umstritten.

Aufgrund des Selektionsdrucks durch massenhafte Anwendung entwickeln inzwischen immer mehr Unkräuter Resistenzen gegen Glyphosat. Gut für die Agrarkonzerne, denn so entsteht Nachfrage nach neuen Herbiziden und Saatgut, das gegen die neuen Wirkstoffe resistent ist.

Insektenvernichtungsmittel (Insektizide)

Hier gibt es ein ganzes Arsenal unterschiedlicher Klassen. Als wichtigste seien genannt:

Neonicotinoide (»Neonics«)   Hochpotente Nervengifte, die auf die Nervenzellen von Insekten stärker als auf die von Wirbeltieren wirken.[26] Erstmals Anfang der 1990er-Jahre auf den Markt gebracht, sind die Abnahmemengen inzwischen geradezu explodiert; heute sind es die weltweit am meisten eingesetzten Insektizide.

Neonics stehen im Zusammenhang mit dem Insektensterben besonders in der Kritik. Im Vergleich zum längst verbotenen Supergift DDT wird eine bis zu 10.000mal stärkere Wirksamkeit auf Bienen angegeben.[27] Studien zeigen, dass sie in subletalen Dosen deren Immunsystem schwächen und zu einem gravierenden Ausfall kognitiver Leistungen führen: Soziale Kontakte, Lernfähigkeit, Erinnerungs- und Navigationsvermögen nehmen ab (»Bienenalzheimer«).

Neonics verbreiten sich nachgewiesenermaßen in der Umwelt, selbst wenn nur ummantelte (»gebeizte«) Samen zur Anwendung kommen: Sie sind sehr gut wasserlöslich, gelangen in Boden und Folgefrucht, verbreiten sich über Pollen und Stäube.

Untersuchungen am Umweltforschungszentrum Leipzig an Wasserorganismen belegen außerdem, dass die toxische Wirkung unter Realbedingungen im Vergleich zu den üblichen Labortests um ein Mehrfaches höher ist.[28]

Neonics sind in der Natur nicht leicht abbaubar und haben Halbwertszeiten von bis zu 18 Jahren; da sie alljährlich angewendet werden, reichern sie sich in der Umwelt substanziell an.

Häutungshemmer und Häutungsbeschleuniger sind Wirkstoffe, die die Häutung von Jugendstadien (Insektenlarven) entweder blockieren oder verfrühen und sie dadurch zum Absterben bringen.

Pyrethroide sind synthetische Kontaktgifte, die auf Ionenkanäle in der Membran von Nervenzellen wirken. Es kommt zu einer spastischen Lähmung und schließlich zum Tod.

B.t.-Toxine werden als »Biologische Insektizide« vermarktet, da sie vom insektenpathogenen Bakterium *Bacillus thuringiensis* produziert werden. Sie perforieren die Darmwand von Larven. Von verschiedenen B.t.-Stämmen produzierte Toxine haben unterschiedliche Selektivität; beispielsweise wirkt das Toxin des Stammes *kurstaki* ausschließlich auf frei fressende Schmetterlingslarven. B.t.-Präparate werden vor allem zur Bekämpfung von Raupen und zur Stechmückenbekämpfung verwendet.

Fungizide

... sind Mittel gegen Pilzbefall. Ihre Berechtigung ist weitgehend akzeptiert. Schimmelpilzgifte wie Aflatoxine und *Fusarium*-Toxine sind schon in geringer Dosis wirksam und bilden eine ernsthafte und hochpotente Gesundheitsgefahr für den Menschen.

Keine Atempause, Fortschritt wird gemacht: Inseln in der Betonwüste

Neben den Auswirkungen der intensiven Landwirtschaft, die in den vorausgehenden Abschnitten beleuchtet wurden, gibt es noch eine zweite Hauptursache für das Insektensterben in Deutschland: den steigenden Verbrauch naturnaher Landschaften, ihre zunehmende Umwandlung in artenarme oder gar für Tiere unbewohnbare Flächen.

In der alten Kulturlandschaft mit ihrem historisch gewachsenen Netzwerk aus Siedlungen, Feldern, Feldrainen, Heiden und Gehölzen gab es noch genug naturnahe Landschaftsbestandteile in räumlicher Nähe zueinander. Und dazwischen genügend Verbindungskorridore oder wenigstens »Trittsteine«, die Tieren einen problemlosen Wechsel von A nach B erlaubten. Erlosch aus irgendwelchen Gründen eine regionale Population, kam es rasch zur Wiederbesiedelung mit Individuen aus benachbarten Populationen. Die damalige Landschaft war für Tiere noch ziemlich barrierefrei, erst recht für Fluginsekten.

Das hat sich dramatisch verändert: Im heutigen Deutschland dominieren Agrarwüsten und Siedlungsgebiete großflächig das Landschaftsmosaik. Die ausgedehnten, intensiv bewirtschafteten Ackerflächen von heute sind, wie wir gesehen haben, artenarme »grüne Wüsten«; ausgeräumte, monotone und chemisch behandelte Flächen, für viele Tiere ein schwer oder gar nicht zu überwindender Abgrund, der sie von einem Nachbarhabitat trennt. Darüber hinaus wuchsen und wachsen Siedlungs- und Verkehrsflächen. Großflächige Industrie- und Gewerbegebiete spülen Geld in die Gemeindekassen, ihr Bau ist daher willkommen. Immer mehr Landschaft verschwindet unter Beton. Nach Angaben des Umweltbundesamtes dehnte sich zwischen 1992 und 2015 deutschlandweit die Siedlungsfläche um 29,7 Prozent und die Verkehrsfläche um 10,1 Prozent aus.[29] Täglich verschwinden 104 Hektar unter Beton und Asphalt – pro Jahr mehr als zwei Drittel der Fläche des Bodensees! Man spricht anschaulich von Flächenfraß und Landschaftszersiedelung.

Zunehmendes Wachstum von Siedlungs- und Verkehrsflächen. Die beiden Bilder
zeigen den gleichen Ausschnitt aus dem südlichen Stadtgebiet von Regensburg, oben
ein Luftbild aus dem Jahr 1943, unten ein Satellitenbild von 2014. In der historischen
Aufnahme dominieren extensiv bewirtschaftete Felder, offenes Brachland und Halb-
trockenrasen; etwa links oberhalb der Bildmitte lagen die im Prolog beschriebenen
Jagdgründe meiner frühen Kindheit.

Die Folgen sind schwerwiegend. Die Gesamtfläche an artenreichen Habitaten schrumpft. Die verbliebenen Restflächen der alten, offenen Kulturlandschaft sind zu kleinen, voneinander weitgehend isolierten Inseln im wachsenden Meer von Agrarwüste und Siedlungen geworden; Verinselung naturnaher Lebensräume oder Habitatfragmentierung sind die Fachbegriffe dafür. Zwischen diesen Resten, den Fragmenten ehemals ausgedehnter und untereinander vernetzter Ökosysteme, gibt es kaum noch Verbindung. Es mangelt an Wanderkorridoren, Brücken oder Trittsteinen.

Nur in vergleichsweise schwer zugänglichen und vertikal stark strukturierten Gebieten ist die Situation entspannter, beispielsweise in den Alpen oder hohen Mittelgebirgen. Große zusammenhängende Waldflächen gibt es noch, aber auch Wälder und Gehölze leiden zunehmend unter Verinselung (und/oder werden intensiv genutzt). Zum Beispiel sind die ehemals ausgedehnten Weich- und Hartholzauen der niederbayerischen Donau heute auf Flächen rudimentären Ausmaßes geschrumpft, innig umarmt von den intensiv bewirtschafteten Feldern der landwirtschaftlichen Powerregion des Dungau.

Die Folgen der Verinselung sind für die Lebensgemeinschaften bedrohlich. Ich erläutere dies am Beispiel von Tagfaltern; die Basisdaten dazu gehen auf Arbeiten des britischen Forschers Jeremy Thomas zurück sowie meiner Kollegen Jan Habel von der TU München und Thomas Schmitt vom Deutschen Entomologischen Institut der Senckenberg-Gesellschaft.[30]

- Ungefähr 80 Prozent der heimischen Tagfalterarten leben und entwickeln sich in geschlossenen, bodenständigen Kolonien; obwohl sie fliegen können, ist ihr Ausbreitungspotenzial oft überraschend niedrig. Schon eine Distanz von 1 Kilometer über lebensfeindliches Gelände (zum Beispiel eine Agrarwüste) kann bereits eine schwer überwindbare Barriere sein.
- In einer stark fragmentierten Landschaft erhalten die Angehörigen einer Population somit nur noch wenig Besuch von der »Nachbarinsel«. Genetische Vermischung mit Angehöri-

gen von Nachbarpopulationen (»Blutauffrischung«) ist daher stark reduziert oder sogar unterbunden.

- Genetische Verarmung (Generosion) der Inselpopulationen ist die Folge, eine fortschreitende Verminderung ihrer genetischen Vielfalt, was wiederum zu einer verminderten Vitalität, das heißt Überlebensfähigkeit, führt.
- Je kleiner eine Population ist, umso größer ist der Effekt. Kleine Inselbiotope sind deshalb allgemein stärker betroffen als große.
- Seltene, spezialisierte und/oder wenig mobile Arten sind die ersten, die verschwinden.
- Aber auch die Populationen von Allerweltsarten sind kleiner geworden. Auch bei ihnen wurden inzwischen deutliche Anzeichen von genetischer Verarmung festgestellt.
- Wenn eine Inselpopulation erlischt – aus welchen Gründen auch immer –, sinkt die Wahrscheinlichkeit für natürliche Wiederbesiedelung aus benachbarten Populationen mit dem Grad der Landschaftsfragmentierung.
- Dadurch verschiebt sich die Komposition der Lebensgemeinschaften auf den Inseln. Mobile Arten nehmen zu, weniger mobile Arten nehmen ab und ihre Populationen erlöschen früher oder später ganz.

Der Große Diptam-Plattleibfalter *(Depressaria dictamnellus)*, eine ausbreitungsschwache Art, wurde Opfer der Habitatfragmentierung. Die letzte deutsche Population erlosch ohne weiteres Zutun um die Jahrtausendwende an der im rechten Bild gezeigten Stelle im Naabtal bei Regensburg.

Eine weitere, kuriose Folge der Habitatfragmentierung: In Städten findet heute so manche Art mehr Lebensraum als in der monotonen, chemisch belasteten Flur. Vergleichende Daten, die Josef Reichholf im Unteren Inntal und in München erhoben hat, belegen: Die Menge an nachtaktiven Schmetterlingen liegt in der Flur jetzt um ein Drittel unter dem Niveau der Großstadt![31] Freilich: Es sind eher die weniger spezialisierten, ökologisch anspruchsloseren Arten, die in Städten ihre Refugien finden; echte Habitatspezialisten sucht man hier in der Regel vergebens, und das ist ja genau der Grund, weshalb ausgerechnet sie so stark rückläufig sind.

Das ewige Licht

Was zur Verinselung führt, birgt oftmals ein weiteres Problem. Es ist die künstliche Beleuchtung entlang von Straßen und auf den bebauten Grundstücken unserer Städte und Gemeinden, welche die Nacht im Extremfall zum Tag macht.[32] Es zieht nachtaktive Insekten geradezu magisch an, der »Flug der Motten zum Licht« ist sprichwörtlich. Unzählige Beleuchtungsanlagen locken Insekten aus ihren Habitaten, wo sie dem Lichtkreis oft nicht mehr entkommen, weil sie Opfer von Spinnen und Vögeln werden oder keine Nahrung, keine Geschlechtspartner oder Eiablageplätze finden. Durch diesen *Leerfang-Effekt* fallen sie prinzipiell für die Reproduktion aus.

Ob und in welchem Ausmaß die »Lichtverschmutzung« tatsächlich zum Insektensterben beiträgt, wird kontrovers diskutiert. Fakt ist, dass vom Licht angelockte Weibchen in aller Regel bereits begattet sind und den größten Teil ihres Eivorrats zuvor in ihrem Ursprungshabitat abgelegt haben. Deshalb ist kein ausgeprägter, direkter Negativeffekt zu erwarten. Andererseits wird der Dispersionsflug, die Suche nach neuen Lebensräumen unterbrochen. Deshalb hat die Lichtverschmutzung möglicherweise einen gewissen Anteil an der Reduktion des genetischen Austausches zwischen Populationen und leistet dadurch der Generosion Vorschub (siehe Seiten 112f.).

Und der Klimawandel?

Der gilt seit Jahrzehnten als zentrales Problem der globalen Umweltkrise und hat – im Gegensatz zum Insektensterben – längst (die ihm gebührende) große öffentliche und politische Aufmerksamkeit erlangt. Auf der Bundesdelegiertenkonferenz der Grünen vom 27. Januar 2018 bezeichnete ihn die Co-Vorsitzende Annalena Baerbock gar als »die größte Bedrohung unseres Planeten«. Mit Blick auf die Gemengelage der Faktoren, die die planetaren Belastungsgrenzen überschreiten, ist diese Aussage sicher zu relativieren (siehe Seite 81); Fakt ist allerdings, dass der Klimawandel starke Veränderungen in der Ökosphäre verursacht.[33]

Die Folgen für die Artenvielfalt sind im Detail jedoch schwer vorhersagbar. Auf ein mögliches Kippen der Reste der tropischen Regenwälder wurde an anderer Stelle bereits hingewiesen (siehe Seiten 81ff.). Momentan äußert sich die globale Erwärmung primär in einer Verschiebung der Verbreitungsgebiete (Areale) der Organismen;[34] sie verlieren Lebensraum, wo es inzwischen zu warm für sie geworden ist, und gewinnen dafür neues Terrain hinzu, wo es zuvor zu kühl war. Doch selbst mit solchen pauschalen Aussagen muss man wegen des multifaktoriellen Charakters von Arealänderungen sehr zurückhaltend sein, wie auch ein Blick auf die Situation der Insekten in Deutschland belegt.

Naheliegend wäre, dass die meisten Insekten von der globalen Erwärmung profitieren; nicht umsonst sind die Tropen die artenreichste Klimazone der Erde. Doch eigene Untersuchungen ebenso wie die von britischen Kollegen zeigen das Gegenteil.[35] Gerade mediterrane Faunenelemente und andere wärmeliebende Arten des Offenlands, die Spezialisten der Magerrasen, Felsfluren und Ödländereien, gehören zu den am stärksten rückläufigen Insektenarten. Wie kann das sein?

Darauf gibt es zwei Antworten: Zum einen sind Bestands- und Arealänderungen bei Insekten multifaktoriell und keineswegs allein vom Klima abhängig; wenn sich heute also wärmeliebende Arten trotz gestiegener Durchschnittstemperatur zurückziehen, bedeutet dies, dass andere, negative Einflüsse überwiegen. Zum zweiten kurbelt ein wärmeres Klima das Pflanzenwachstum an; Sukzession (siehe Kasten, Seite 93) und die Folgen von Überdüngung werden dadurch verstärkt, zum Nachteil der Habitatspezialisten. Obwohl der Klimawandel zu einer zentralen globalen Umweltkrise gehört, spielt er demnach im *direkten* Zusammenhang mit dem Insektensterben keine große Rolle.

Eine unbequeme Wahrheit 2.0

Im Jahr 2006 verkündete der ehemalige US-Vizepräsident Al Gore im Dokumentarfilm von Davis Guggenheim *An Inconvenient Truth* eine unbequeme Wahrheit. Der Film vermittelt seine Sicht auf wissenschaftliche und politische Aspekte des menschengemachten Klimawandels auf dem Stand damaligen Wissens, einschließlich der zu erwartenden Folgen für die Erde. Dieser wichtige Beitrag für die öffentliche Bewusstseinsbildung wurde seinerzeit von interessierter Seite massiv angegriffen.

Mir scheint, die Geschichte wiederholt sich jetzt: Das Insektensterben ist eine neue, unbequeme Wahrheit. Die Fakten liegen auf dem Tisch. Wesentliche Ursachen sind bekannt, zum Teil schon seit langem, sie sind multifaktoriell, und sie gehen unmittelbar oder mittelbar auf das Konto des Menschen. Manche Faktoren sind dominant, andere nachrangig, und alle wirken in hochkomplexer Weise zusammen.

Dabei besteht aus wissenschaftlicher Sicht kein Zweifel an den beiden entscheidenden Hauptakteuren: die industrielle, intensive Landwirtschaft und der Flächenhunger unserer Gesellschaft. Sie garantieren uns Wohlstand – richten andererseits aber verheerenden ökologischen Schaden an: Monotone, artenarme, mit Chemie überfrachtete Nutzflächen dominieren die Flur; Brachflächen wachsen zu, Grünland wird gedüngt und intensiv gemäht; reaktive Stickstoffverbindungen und Pestizide verbreiten sich überregional und entfalten unselige Wirkungen bis in entfernte Naturschutzgebiete hinein; Energiepflanzen sollen das Weltklima retten und nehmen Wildtieren gleichzeitig den Lebensraum; Siedlungen und Verkehrsflächen wuchern; artenreiche Resthabitate verinseln, genetische Vielfalt sinkt. Von den Nebenwirkungen auf Weltklima, globale Stoffkreisläufe und menschliche Gesundheit ganz zu schweigen.

Das ist keine schöne Aufzählung, und sie wird noch weniger schön, wenn man bedenkt, was sich dahinter verbirgt: unsere Art zu leben und zu wirtschaften. Hinter all dem stehen Milliardengeschäfte, Arbeitsplätze, Steuereinnahmen, die Welternährung, unsere Infrastruktur, Mobilität und und und.

Ja. Stimmt. Ganz nebenbei geht es aber auch um unsere Zukunft auf diesem Planeten! Und deshalb *kann* es nicht so bleiben, wie es ist!

Doch die professionelle, industriegelenkte Leugnung von Umweltgefahren hat eine lange und erfolgreiche Tradition, wie etwa die *Hochrhein-Zeitung* am 25. Oktober 2017 kommentierte.[36] Jahrzehntelang wurden die Gefahren von Asbest, Zigaretten, Atomkraftwerken, Dieselabgasen, Holzschutzmitteln und des anthropogenen Klimawandels systematisch heruntergespielt. In der nächsten Zeit wird sich also auch eine Gegendebatte zum Insektensterben massiv formieren. Das ist nicht neu; es ist ein altbewährtes Muster, die Warnungen der Wissenschaft in den Wind zu schlagen und deren Aussagen zu relativieren oder zu diskreditieren.

Und damit sind wir beim nächsten Thema oder bei der dritten Kraft, die beim Insektensterben eine nicht unerhebliche Rolle spielt.

KAPITEL 5

Alle hätten es wissen müssen: Versagen überall

Gerade studiere ich Forschungsarbeiten über den Rückgang von Sing-vögeln infolge des Einsatzes von Neonicotinoiden. Da weckt ein Kom-mentar meines Kollegen Dave Goulson von der University of Sussex in der Wissenschaftszeitschrift Nature *mein Interesse. Frei übersetzt ins Deutsche, schreibt er: »Die Diskussion [über die Kollateralschä-den von Neonics] hat sich auf Bienen fokussiert ... Aber ... [eine neue Studie] liefert starke Hinweise dafür, dass wir das große Ganze dabei übersehen haben.«[1] Stimmt, Dave! Da ist einiges übersehen worden. Aber was heißt eigentlich »wir«?*

Für mich jedenfalls kommt im Bezug auf das Insektensterben nichts überraschend: Wir erleben keine jähe, unvorhersehbare Katastro-phe. Wissenschaftler haben schon vor Jahrzehnten gewarnt, dass die Insekten – so wie andere Arten auch – massiv wegbrechen. Es gibt also keine Ausreden. Man hätte wissen *können* und sehen *müssen*, was da auf uns zukommt.

Und hier steht auch die Politik in der Verantwortung. Denn die Auswüchse der industriellen Landwirtschaft und des Flächenver-brauchs, die, wie gesehen, zu den Hauptursachen der Lebensraum-verluste für Pflanzen- und Tierwelt gehören, erfolgen im Rahmen von Recht und Gesetz, und was es noch schlimmer macht: wider besseres Wissen.

Natürlich: Umwelt- und Naturschutzgesetze setzen Grenzen, Aktionsprogramme werden geschrieben, Selbstverpflichtungen for-muliert. Aber was im Rahmen dessen passiert, reicht erwiesenermaßen nicht aus, wird oft nicht konsequent umgesetzt und unter Druck vieler Lobbyisten verwässert. Im Ergebnis kaschieren Änderungen allenfalls an der Oberfläche, ohne das System, etwa im Rahmen der europäischen Agrarpolitik mit ihren Milliardensubventionen, zu erneuern. Die Roten Listen werden länger, Populationen gehen weiter zurück und die strukturellen und chemischen Beeinträchtigungen der Natur schreiten voran – welchen besseren Beleg könnte es dafür geben, dass die bisherigen Maßnahmen zum Erhalt der Biodiversität unterm Strich nur Makulatur sind?

Sündenfall der Politik

In Artikel 20a des deutschen Grundgesetzes heißt es: »Der Staat schützt auch in Verantwortung für die künftigen Generationen die natürlichen Lebensgrundlagen und die Tiere im Rahmen der verfassungsmäßigen Ordnung durch die Gesetzgebung und nach Maßgabe von Gesetz und Recht durch die vollziehende Gewalt und die Rechtsprechung.«

Aus der Formulierung eines solchen Staatsziels leitet sich allerdings kein Einklagerecht für den Bürger ab (beispielsweise um eine bestimmte umweltpolitische Maßnahme einzufordern).

Dafür geht daraus ein Abwägegebot hervor, nach dem der Staat Belange des Umweltschutzes mit anderen, ebenfalls legitimen Prinzipien und Interessen in Ausgleich und Einklang zu bringen hat (zum Beispiel mit Wirtschaftswachstum oder Städteplanung). Da liegt der Hase im Pfeffer. Vom fairen Abwägen der Interessen von Ökologie und Ökonomie kann nach meiner Auffassung keine Rede sein. Die Waagschale neigt sich viel zu tief zugunsten der Wirtschaft; der uralte Konflikt ist nicht beigelegt, Ökologie und Ökonomie sind *nicht* im Einklang. Diese Behauptung lässt sich unter Verweis auf die gravierend überschrittenen planetaren Belastungsgrenzen leicht belegen (siehe Kapitel 3 und Grafik, Seite 198 oben). Mit nachhaltiger Wirtschaftsweise hat das, was »wir« in großem Stil treiben, wirklich nichts zu tun.

Wohlklingende Lippenbekenntnisse gibt es freilich viele. So entnimmt man dem Biodiversitätsprogramm Bayern 2030 (S. 8):

»Bei allen Überlegungen zum Wert und Nutzen der biologischen Vielfalt darf die ethische Verpflichtung zur Achtung der Natur nicht vergessen werden. Diese Verpflichtung ergibt sich aus unserem christlichen Werteverständnis und aus ethischen Überlegungen zum Wert der Natur ›an sich‹. Die Gesellschaft muss ihre Verantwortung für die nachkommenden Generationen wahrnehmen und mit Augenmaß eine nachhaltige Nutzung der Natur betreiben.«

Klingt gut! Doch die Frage drängt sich auf: Warum macht sie es dann nicht, die Gesellschaft, obwohl sie doch wissen müsste, dass sie »muss«?

Die Etablierung einer wirklich sozialen und ökologischen Marktwirtschaft wäre nach meiner Auffassung das Gebot der Stunde. In Art. 3 Abs. 3 EU-Vertrag findet sich dazu das Bekenntnis, dass die EU auf soziale Marktwirtschaft und ein »hohes Maß an Umweltschutz« hinwirke. Aber *hinwirken* ist zu wenig. Aufgabe der Exekutive wäre es, mit Blick auf das Gemeinwohl unmissverständlich Grenzen und Spielregeln *durchzusetzen* und damit die Waagschalen von Ökologie und Ökonomie wieder in Balance zu bringen. Das passiert allenfalls in zaghaften Ansätzen, gegen enorme Widerstände.

Beredtes Zeugnis davon legt etwa das massive Störfeuer ab, dem sich die rotgrüne Bundesregierung Anfang der 2000er angesichts ihres Nachdenkens über eine Agrarwende ausgesetzt sah. »Bauern gehören nicht an den Pranger«, hielt man damals erbost dagegen. Stimmt! Nicht die Bauern, insbesondere nicht die kleinen Familienbetriebe und schon gar nicht die Ökolandwirte, gehören an den Pranger, sondern ein System, das starrsinnig am natur- und menschenverachtenden Prinzip des »wachse oder weiche!« festhält und das Mantra der Alternativlosigkeit einer zutiefst umweltschädlichen Lebensweise predigt.

Ihr Versagen bezüglich einer gerechten und effizienten Verteilung produzierter Nahrungsmittel und ihr Kniefall vor den Lobbyisten einer nicht-nachhaltigen Wirtschaft – das ist der ökologische Sündenfall der Politik.

Obschon die Hauptverursacher der Biodiversitätskrise bekannt sind, werden sie – sicher nicht zuletzt unter dem Aspekt von Wählerstimmen – mit Samthandschuhen angefasst. Die Natur, von der wir alle abhängen, interessiert sich aber nicht für Wahlen.

Die Kleinen hängt man, die Großen lässt man laufen: ambivalente Gesetzgebung und Forschungshürden

Ich will fair sein: Unsere Umwelt- und Naturschutzgesetze haben im internationalen Vergleich durchaus hohe Standards. Ohne sie wäre es um den Zustand der Natur wohl schlimmer bestellt, als es jetzt schon der Fall ist. Dass dies aber bei Weitem nicht reicht, zeigen die Krisensymptome, die allenthalben zu erkennen sind. Statt die zentralen Ursachen des Artensterbens konsequent und effektiv anzugehen, nimmt der Gesetzgeber mit deutscher Gründlichkeit irrelevante Nebenkriegsschauplätze aufs Korn – und verkauft dies als wichtigen Beitrag zum Naturschutz.

Diese Ambivalenz lässt sich mit einem Sprichwort auf den Punkt bringen: Die Kleinen hängt man, die Großen lässt man laufen. So gibt es bis heute keine ernstzunehmenden Ansätze für eine Agrarwende, dafür errichtete man unter dem Vorwand des Naturschutzes systematisch Hürden für die Wissenschaftler – also ausgerechnet für diejenigen, die die Belege für das Artensterben und seine Verursacher erbringen. Ein Schelm, wer Arges dabei denkt.

Anschauliches Beispiel sind Teile des Bundesnaturschutzgesetzes (BNatSchG) und die Bundesartenschutzverordnung (BArtSchV). Nach § 44 Abs. 1 BNatSchG (Fassung vom 29. Juli 2009) ist es unter anderem verboten, »wild lebenden Tieren der besonders geschützten Arten nachzustellen, sie zu fangen, zu verletzen oder zu töten oder ihre Entwicklungsformen aus der Natur zu entnehmen, zu beschädigen oder zu zerstören«. Was besonders geschützte Arten sind, steht in der BArtSchV; die meisten Wirbeltiere sowie eine ellenlange Liste von Insekten und anderen Wirbellosen gehören dazu.

Das entscheidende Detail: Die BArtSchV differenziert an diesem Punkt nicht zwischen Wirbeltieren und Wirbellosen. Bei Ersteren ist Artenschutz und der Schutz des Individuums vor Verfolgung und

Tötung überaus sinnvoll, wie die erfolgreiche Wiederkehr von Bär, Luchs und Wolf beweist; bei Letzteren aber nicht, wie das Insektensterben zeigt. Deshalb ist die Artenschutzverordnung an diesem Punkt eine Fehlkonstruktion.

Naturschutzgesetze schützen die heimische Artenvielfalt nicht ausreichend, sie konzentrieren sich auf die falschen Zielgruppen und klammern die Hauptverursacher des Artenschwundes aus.

Via BNatSchG und BArtSchV wurde de facto die wissenschaftliche Freilandforschung an Insekten verboten. Denn zentrale Abläufe wie Fang mit Handnetzen, Fallen oder Anlocken mit künstlichen Lichtquellen sind nun untersagt, ebenso die Entnahme von Belegexemplaren zur Artbestimmung und gerichtsfesten Dokumentation (siehe Kasten, Seiten 24f.).

Will man das heute dennoch tun, bedarf es einer Ausnahmegenehmigung. Selbst den Wissenschaftlerinnen und Wissenschaftlern der Zoologischen Staatssammlung wird diese nicht von Amts wegen zuerkannt. Jeder von uns muss dazu für jedes zu untersuchende Gebiet bei jeder betroffenen Bezirksregierung extra einen begründeten

Antrag stellen, erhält nach erfolgreicher sachlicher und rechtlicher Prüfung eine zeitlich befristete Genehmigung mit streng umrissenen Auflagen einschließlich Berichtspflicht. Ein hoher bürokratischer Aufwand, dessen Abwicklung und Überwachung auf beiden Seiten Kapazitäten bindet und keine einzige Insektenart vor dem Rückgang bewahrt. Hingegen dürfen Intensivlandwirtschaft und Flächenfraß unsere Landschaften ohne begründete Genehmigung weiter so umgestalten, dass genau jene Insekten, um die der oben beschriebene Aufwand betrieben wird, millionenfach ihren Lebensraum verlieren und an ihre Bestandsgrenzen gebracht werden.

Um nochmals die Relationen deutlich zu machen: In Deutschland gibt es, großzügig geschätzt etwa 200 Privatpersonen, die in Kooperation mit einer Handvoll (weniger als 20) hauptamtlicher Forscher an Museen und Universitäten Freilandforschung an Schmetterlingen betreiben. (Für die anderen Insektengruppen mögen noch drei- bis viermal so viele hinzukommen.) Um ihre Forschung zu legalisieren, müssen diese wenigen hundert Personen die oben geschilderte bürokratische Mühle in Gang setzen, während

– ein Millionenheer von Tieren von Insekten als Nahrung lebt,
– deutsche Autofahrer pro Jahr 800 Milliarden Kilometer auf Straßen zurücklegen, die auch durch Naturschutzgebiete führen,
– unsere Städte und Industriegebiete nachts in der Flut von unzähligen Lichtquellen ertrinken.

Diese »Logik« ist absurd und hat mit Abwägen und Verhältnismäßigkeit nichts mehr zu tun.

Kleine Nachhilfe im ABC

Ich will das schizophrene Handeln des Staates in Bezug auf den Schutz von Wirbellosen auf den Punkt bringen. Stellen Sie sich dazu einen Betrieb vor, der in die roten Zahlen rutscht. Konsequenterweise wird die Konzernleitung daraufhin Ursachenforschung betreiben, um die erkannten Faktoren der Misere einzuteilen und zu gewichten: in A (sehr wichtig), B (wichtig) und C (am wenigsten bedeutend). Dieses Verfahren nennt sich ABC-Analyse und ist ein bewährtes

Instrument der Betriebswirtschaft, um zum Beispiel die Wirtschaftlichkeit zu steigern. Das Ergebnis könnte etwa so aussehen wie in der Tabelle rechts.

Wertanteil(e)	Klasse
Produktmängel, Vertrieb	A
Krankenstand	B
Diebstahl von Klopapier	C

Auf der Basis dieser Erkenntnisse gibt es zur Rettung des Betriebs nur eine vernünftige Reaktion: die wesentlichen Ursachen A und vielleicht noch B anzugehen. In der Regel genügt es, an diesen Faktoren zu arbeiten, um den Betrieb über den Berg zu bringen. Der Rest (C) wäre weder nötig noch würde er sich rechnen.

Die Konzernleitung könnte aber auch anders entscheiden und ihr Hauptaugenmerk auf C richten. Im obigen Beispiel würde folglich eine Privatdetektei beauftragt, den Klopapierdiebstahl einzudämmen – etwa durch Installation von Kameras oder durch Schaffung einer Stelle zur Überwachung. Wir müssen dies hier nicht weiter vertiefen; es wäre völlig klar, welchen Weg eine Firmenleitung gehen würde.

Der Staat macht genau das Gegenteil; er erschwert massiv das wissenschaftliche Sammeln (C in der nebenstehenden Tabelle) und lässt die Hauptursachen A so gut wie unangetastet! Dass wir ein Insektensterben haben und gleichzeitig einen Rückgang derjenigen, die es wissenschaftlich dokumentieren könnten, ist somit kein Wunder.

Wertanteil(e)	Klasse
Agrarindustrie, Flächenfraß, Habitatverinselung	A
Straßenverkehr, Lichtverschmutzung, Klimawandel	B
Insektensammeln	C

Die logische Konsequenz: Ökosystemschutz vor Artenschutz

Unter diesen Voraussetzungen ist es logisch, dass die Schutzbemühungen ins Leere laufen müssen. Das Versagen des Artenschutzes bei Wirbellosen ist empirisch bewiesen (siehe Kapitel 2 und 3) und kann wohl kaum eindringlicher demonstriert werden als am Beispiel der außeralpinen Populationen des Apollofalters (*Parnassius apollo melliculus*) in Bayern. Diese Art ist bewusst gewählt, denn sie ist ein Flaggschiff des amtlichen Naturschutzes, und es wäre daher zu erwarten, dass es gerade dieser Art besonders gut geht.

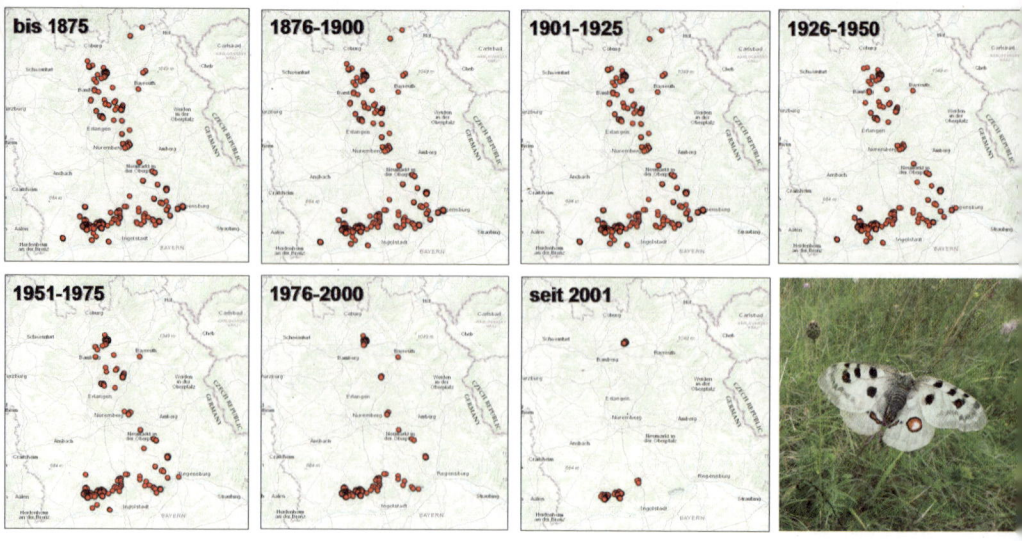

Verbreitung des Apollofalters *(Parnassius apollo melliculus)* im außeralpinen Bayern, dargestellt in 25-Jahres-Abschnitten.

Der Apollo ist Bewohner der Felsfluren in Gebirgen, kommt aber lokal auch im Mittelgebirge vor, zum Beispiel in der Franken-alb. Er wurde in der Vergangenheit als Liebhaberobjekt intensiv besammelt, im 19. und frühen 20. Jahrhundert existierte gar ein regelrechter »Handelsmarkt«. Daraufhin wurde er in Deutschland im Jahr 1936 unter Naturschutz gestellt. Seit 1977 ist er Teil des Washingtoner Artenschutzabkommens (CITES-Konvention) und damit international streng geschützt, ebenso seit 31. August 1980 durch das BNatSchG, und seit 26. Mai 1987 genießt er sogar Höchst-schutz.[2] In Bayern wurde Anfang der 1990er-Jahre ein spezifisches Artenhilfsprogramm auf den Weg gebracht – mit ernüchterndem Ergebnis, wonach die Verbreitung des Falters vor allem seit Mitte des 20. Jahrhunderts rapide rückläufig ist (siehe Abbildung oben).

Auch für einige andere »Flaggschiffarten« gibt es Artenhilfspro-gramme, und manche sind auch erfolgreich. Aber was geschieht mit den geschätzt weiteren fünf- bis zehntausend stark rückläufigen In-sektenarten in Deutschland? Hilfsprogramme für jede einzelne von ihnen wären finanziell und personaltechnisch nicht durchführbar. Das Fazit lautet also: Das Fördern einzelner Insektenarten ist allenfalls ein Zeichen, das Grundproblem kann damit nicht gelöst werden, oder anders formuliert: Nur die umfassende Bewahrung ihrer Lebensräume vor negativen Einflüssen kann hier etwas ausrichten. Für Wirbellose gilt: Ökosystemschutz geht vor Artenschutz!

Bayern will nun mit einem 10 Millionen Euro schweren Maßnahmenpaket eine neue Behörde mit 50 neuen Planstellen schaffen, um »den Artenschutz (…) auf ein Spitzenniveau zu heben und den Artenschwund zu stoppen.«[3] Zu den Schwerpunkten des Artenschutzzentrums sollen »die Erforschung des Artenschwunds im Freistaat und die Entwicklung von Gegenstrategien« gehören.

Als wenn nicht schon längst klar wäre (vgl. ABC-Analyse auf Seite 125), wo die Knackpunkte liegen und wie die effektiven Gegenmaßnahmen aussehen müssten (siehe dazu auch Seiten 133ff.). Auch werden neue Hilfsprogramme für 25 bedrohte Arten angekündigt – nicht aber für bedrohte Habitate und Ökosysteme.

Von Daten- und Nachwuchsmangel und Shifting Baselines

Was hier im Einzelnen passieren muss, darauf nimmt das nachfolgende Kapitel in Gestalt einer 10-Punkte-Agenda übersichtlich Stellung. Zu ihrer Umsetzung benötigen wir jedoch auch eine Gesellschaft, die weiß, was verloren geht – und dies bedauert. In Zeiten zunehmender Naturferne und Digitalisierung drohen wir diese Basis zu verlieren. Denn wenn sich bald niemand mehr daran erinnern kann, wie Blumenwiesen einmal ausgesehen haben, wenn es bald niemanden mehr gibt, der noch sicher Arten bestimmen kann, und wenn wir unsere Kinder weiterhin davor »schützen«, dass sie in Kontakt mit den letzten Resten »unberührter« Natur kommen – dann müssen wir uns nicht darüber wundern, dass die Natur um uns herum immer (arten)ärmer wird.

»Sammeln und Forschen zum Nutzen der Welt«, heißt es im Logo der Zoologischen Staatssammlung München, und genau darum geht es: Es sind die Naturforscher, die neue Arten entdecken, sie beschreiben, ihre Verbreitung und Ökologie studieren und damit dem angewandten Naturschutz die Basisdaten liefern. Biodiversitätsforschung und Naturschutz sind natürliche Partner, die beide voneinander profitieren und ein gemeinsames Ziel haben, nämlich die Biodiversität zu erhalten. Dass Forscher per Gesetz als Bittsteller beim Naturschutz auftreten müssen, ist absurd und spielt Wissenschaft und Naturschutz gegeneinander aus.

Das Gleiche gilt für Hobbyforscher und Sammler. Die Erlangung von Sammelgenehmigungen ist eine derart abschreckende Hürde, dass viele ihr Hobby an den Nagel hängen. Dabei ist die Gruppe der Insekten so artenreich und die zu durchforschende Fläche so groß, dass die Wissenschaft auf Kooperation mit privaten Fachleuten dringend angewiesen ist!

Ganz schlimm sieht es mittlerweile mit dem naturinteressierten Nachwuchs aus. In der Münchner Entomologischen Gesellschaft liegt der Altersdurchschnitt inzwischen bei 59 Jahren; Neuanmeldungen von Kindern sind ein geradezu seltenes Ereignis. Aber woher soll das Interesse auch kommen, wenn es Kindern unmöglich gemacht wird, Schmetterlinge oder andere Insekten zu fangen, sie in die Hand zu nehmen und zu be-greifen? Hier wird ein elementares Naturerlebnis verwehrt, das keine noch so gute App ersetzen kann.

In den Schulen sieht es leider ähnlich aus. Lehrer dürfen ihren Schülern nur noch dann lebende Tiere im Unterricht präsentieren, wenn sie dafür zuvor eine Genehmigung beantragt haben. Dass sich das kein Lehrer antun will, ist verständlich, und so sind die Zeiten vorbei, während derer man im Unterricht noch die faszinierende Verwandlung von der Kaulquappe zum Frosch oder von der Raupe zur Puppe und zum Falter miterleben konnte.

Und dann gehen diese Kinder doch einmal raus, lassen das iPad iPad sein und stoßen auf – eine artenarme, monotone, tot gespritzte Agrarlandschaft. Ich selbst durfte in den 1960er- bis 1970er-Jahren noch eine relativ große Vielfalt an Biodiversität erleben: Wiesen und Felder waren noch bunt, überall kreuchte und fleuchte es. Das war für mich der Normalzustand, meine »Basislinie«, und ich vermisse diesen Zustand. Was aber vermisst ein heute zehnjähriges Kind, im Angesicht der heutigen Agrarlandschaft? Nichts! Und was wird es fordern (können)? Genau! Auch nichts ...

Zynisch formuliert: »Shifting Baselines«, diese schleichende Veränderung dessen, was wir als »normal« empfinden, sind ein Geschenk des Himmels für all jene Kräfte in Politik und Wirtschaft, denen das Artensterben egal ist. Man muss das Problem nur noch 20, vielleicht 30 Jahre aussitzen, dann wird der Widerstand von Naturschützern von selbst nachlassen, weil Wissen und Erinnerung über die Generationen hinweg verblassen.

Ein versöhnlicher Blick nach vorn ...

... ist in Kenntnis der gleichermaßen alarmierenden wie verfahrenen Situation schwierig. Und doch gibt es für mich Aspekte, die Mut machen können: Wir *wissen*, was um uns herum passiert. Wir *wissen*, wo die Ursachen liegen. Und wir *wissen*, was passieren muss. Ob es uns gelingen wird, das Ruder noch rechtzeitig herumzureißen, kann niemand mit hundertprozentiger Sicherheit sagen. Es ist in der Tat eine Sekunde vor zwölf.

Doch nichts im Leben ist alternativlos. Wie die nachfolgenden Kapitel zeigen werden, existieren Alternativen zuhauf. Wir müssen nur daran glauben und dafür sorgen, dass sie umgesetzt werden ...

Teil II

Lebensräume heißt das Zauberwort: Was jetzt zu tun ist

KAPITEL 6

The Big Ten:
Eine Agenda für Politik und
(Land)Wirtschaft

Die Krefeld-Studie hat eine breite Öffentlichkeit alarmiert. Sie hat aber auch gezeigt, dass das Insektensterben (jenseits der Biene) weitgehend unbekannt war, und es würde mich nicht wundern, wenn die Tragweite des Problems bei vielen Entscheidungsträgern bis heute noch nicht umfänglich erkannt worden wäre.

Für einen Biologen ist es freilich ein gewagtes Unternehmen, eine (Zehn-Punkte-)Agenda für Politik, Landwirtschaft und Gesellschaft aufstellen zu wollen; ich begebe mich damit zwangsläufig auf unbekanntes Terrain und werde Widerspruch ernten. Das soll mich aber nicht daran hindern, es trotzdem zu versuchen. Die Befundlage ist so klar und eindringlich, dass sich daraus akuter und dringender Handlungsbedarf ableitet und weiteres Abwarten nicht zu verantworten wäre.

Das alles natürlich im Bewusstsein, wie langwierig es im Rahmen der politischen Prozesse sein kann, das eigentlich Notwendige zügig *umzusetzen*, zumal, wenn mit der EU noch ein weiterer Player beteiligt ist, der wiederum von der deutschen Bundesregierung ausgebremst wird, wie man jüngst am Fall »Glyphosat« sehen konnte.

Im Bewusstsein der hier nur angedeuteten Komplikationen ist diese Agenda entstanden. Sie soll aufzeigen, wo angesetzt werden kann und was geschehen müsste – und zwar so konkret wie es mir möglich ist. Die Wissenschaft kann hier freilich nur Ratgeber sein, handeln muss die Exekutive.

In groben Zügen ist diese Agenda Resultat einer langen Auseinandersetzung mit dem Thema »Artenschutz«. Im Detail stammen einige der Erkenntnisse aus Texten, die im Internet zugänglich sind.*

Politische Auseinandersetzung
1 Umweltpolitischer Diskurs
Das globale Artensterben gehört ganz nach oben auf jede umweltpolitische Agenda – auf internationalem, nationalem und regionalem Parkett. Auf allen Ebenen liegen spätestens seit der Biodiversitätskonvention von Rio de Janeiro 1992 Absichts- und Dringlichkeitserklärungen, Aktionsprogramme etc. vor.

Rolle und Gewicht des Weltbiodiversitätsrates sind massiv zu stärken. Ein von Politik und Wirtschaft unabhängiges, internationales Gremium aus Ökologen, Ökonomen, Soziologen, Zukunfts- und Resilienzforschern, Naturschützern, Juristen und weiteren Experten sollte installiert werden, um fundierte Lösungen zu suchen und verbindliche Ziele zu vereinbaren; die Herbeiführung einer echten Agrarwende gehört unbedingt zu einer solchen Zielvorgabe.

Agrarsektor
2 Subventionen und Anreizsysteme
Das System der Agrarsubventionen muss neu gedacht und angelegt werden. Zahlungen sollten nur noch an Betriebe gehen, die sich ausdrücklich für Umwelt-, Natur-, Klima- und Tierschutz einsetzen. Landwirtschaftliche Leistungen in dieser Hinsicht sollten gezielt belohnt werden. Kleinbäuerliche Betriebe und Ökolandbau sind gezielt zu fördern. Es sollte nachdrücklich angestrebt werden, dass in zehn Jahren mindestens 30 Prozent der landwirtschaftlichen Nutzflächen ökologisch bewirtschaftet werden.

Der großflächige Anbau von Pflanzen für die »Energiewende« ist ökologisch unverantwortlich und sollte unterbunden werden.

---

* »Münsteraner Appell zum Insektenschutz und Erhalt der Biodiversität« des NABU NRW; »DNR-Aktionsprogramm Insektenschutz«; Volksbegehren »Artenvielfalt«, initiiert von der ÖDP. Den daran beteiligten Organisationen sei an dieser Stelle für ihre wertvolle Arbeit herzlich gedankt.

3 Pestizideinsatz

Was wir dringend brauchen, ist ein Pestizidverbot im Umfeld ökologisch hochwertiger Flächen, im Haus- und Kleingartenbereich und auf kommunalen Flächen. In allen Schutzgebieten und auf einer mindestens 300 Meter breiten Pufferzone, muss der Einsatz von Herbiziden und Insektiziden gesetzlich unterbunden werden.

Neonicotinoide und Alternativsubstanzen mit ähnlicher Wirkung sowie Breitbandherbizide (z. B. Glyphosat) sind zu verbieten.

Die Zulassungsverfahren für Pestizide müssen komplett neu justiert werden. Testung muss vorgeschrieben werden: (1) unter Realbedingungen, (2) in Kombination mit anderen Bei- und Wirkstoffen und (3) in subletaler Dosis an einer breiten Palette unterschiedlicher Nichtzielorganismen. Alle Verfahren und Ergebnisse müssen vollständig transparent, öffentlich zugänglich und durch wirtschaftlich unabhängige Forschergruppen überprüfbar sein. Bei Bedenken zur Umweltverträglichkeit ist aus Gründen der Fürsorgepflicht die Zulassung so lange zu verweigern, bis der Hersteller die Unbedenklichkeit objektiv und unzweifelhaft bewiesen hat (Beweislastumkehr). Über eine Pestizidabgabe müssen die Hersteller an Umweltschäden beteiligt werden.

Ferner bedarf es einer wirksameren Kontrolle des Pestizideinsatzes und einer stärkeren Sanktionierung von Verstößen.

4 Stickstoffeinträge

Das Übermaß an Stickstoffeinträgen ist eine ökologische Langzeitbombe. Deshalb muss das Dünge(mittel)recht substanziell nachgebessert werden, um schnellstmöglich eine drastische Reduktion des Düngereinsatzes zu bewirken. Die Viehbesatzdichte ist auf ein umweltökologisch und tierethisch sinnvolles Maß zu beschränken.

(Flächen-)Naturschutz
5 Naturschutz in der Agrarlandschaft

Die großräumige Wiedervernetzung von Habitaten gehört neben der Reduktion von Dünger und Pestiziden zu den vordringlichsten Sofortmaßnahmen. Jede Beseitigung oder Beeinträchtigung bestehender, für Kleintiere wichtiger Biotope (Feldgehölze, Hecken, Kleingewässer etc.) ist zu verbieten, Ausweitung oder Neuschaffung derartiger Strukturen hingegen zu belohnen. Gewässer- und Straßenrandstreifen sollten ausreichend breit sein. Extensiv genutzte landwirtschaftliche Flächen müssen in Bestand und Funktionalität geschützt bzw. Verstöße stärker als bisher sanktioniert werden.

6 Naturschutzprogramme und -flächen

Das Budget für Programme wie das des Bundes für Biologische Vielfalt sollte stärker finanziell gefördert werden; ein EU-Naturschutzfonds, der sich am Bedarf von Natura 2000 orientiert, sollte eingerichtet werden. Grundsätzlich sollten der Flächenschutz und der Schutz der Ökosysteme (vor dem Artenschutz) im Zentrum aller Maßnahmen stehen. Wir brauchen eine stärkere Unterschutzstellung von Elementen der im Verlauf von Jahrhunderten entstandenen extensiv genutzten Agrarlandschaften. Ziel wäre, die historische Kulturlandschaft auf großer Fläche mit traditioneller, nachhaltiger, weitgehend chemiefreier Bewirtschaftungsweise zu rekonstruieren und diesen Prozess wissenschaftlich zu begleiten.

7 Flächenverbrauch und Versiegelung

Unser Flächenverbrauch muss stark begrenzt und, wo immer möglich, zurückgefahren werden. Aktuell verschwinden in Deutschland jährlich fast 40.000 Hektar Land unter Asphalt und Beton. Das erklärte Ziel der Nationalen Nachhaltigkeitsstrategie sollte auch umgesetzt werden und dafür müssen Anreize geschaffen werden.

Forschung, Bildung, Information

8 Aufhebung aller Sammelverbote für Wirbellose

Die bestehenden Verbote sind nachweislich wirkungslos, bürokratisch aufwändig und kontraproduktiv. Sie verursachen Mangel an wissenschaftlichem Nachwuchs, an Daten und Wissen, sorgen für abnehmende Artenkenntnis, den faktischen Wegfall unmittelbarer Naturerlebnisse im Schulunterricht und für weitere Entfremdung der Bevölkerung von der Natur.

Grundlagenforschung und Lehre sind deshalb von allen im deutschen Recht zur Anwendung kommenden nationalen und internationalen Sammelverboten in Bezug auf Wirbellose auszunehmen (z. B. BNatSchG, BArtSchV, ABS/Nagoya-Protokoll).

9 Biodiversitätsmonitoring, Forschungs- und Fördermittel

Statt die Wissenschaft per Gesetz zum Bittsteller beim Naturschutz zu degradieren, sollten synergistische Kooperationen nachdrücklich angestrebt werden, zum Beispiel durch den Aufbau gemeinsam genutzter Landesdatenbanken und gemeinsamer, von Bund und Ländern unterstützter Forschungsprojekte. Wir brauchen dringend ein langfristig und national angelegtes Monitoringprogramm für die fundierte Erfassung der Insektenfauna. (Ein erstes Monitoring wurde 2018 vom Bundesumweltamt auf den Weg gebracht.)

Umfangreiche Forschungs- und Fördermittel für naturkundliche Vereine, Hochschulen, Naturkundemuseen und Forschungszentren sind bereitzustellen, mit denen das Artensterben weiter erforscht und adäquate Gegenstrategien ausgearbeitet werden können.

10 Bildung, Öffentlichkeitsarbeit und Beratung für Landwirte

Bund, Länder und Kommunen sollten sich stärker engagieren, um ökologische Zusammenhänge und Gefahren öffentlich zu machen. In der landwirtschaftlichen Praxis ist eine unabhängige Beratung zu stärken, unter anderem um Alternativen zur Pestizidanwendung und Überdüngung zu vermitteln.

In Schulen und Kindergärten bedarf es umweltpädagogischer Lerninhalte zur Vermittlung von Grundwissen über die Bedeutung von Insekten, über ökologische Zusammenhänge, Artenkenntnis und Naturschutz. Der Biologieunterricht ist diesbezüglich aufzuwerten. Die ökologische sowie umweltchemische Ausbildung in Verbindung mit naturschutzfachlichen Ansätzen muss an Hochschulen stärker gelehrt und prüfungsrelevant werden, ebenso die Systematische Biologie.

Die Kraft
des grünen Daumens

»Die Hummel kann eigentlich nicht fliegen. Aber sie weiß das nicht
und fliegt einfach los!«

Dieses viel zitierte Hummel-Paradoxon (das heute relativiert ist)
ging mir* bei der Arbeit an den folgenden Kapiteln durch den Kopf.
Denn die harten Fakten und aktuellen Erkenntnisse zum Insektensterben stehen im Raum, und können selbst hartgesottene Zuver-
sichtler das Fürchten lehren. Und doch arbeiten, nicht erst seit die
Medien das Thema entdeckt haben, immer mehr Menschen auf vielen Ebenen daran, Lebensräume zu sichern, aufzuwerten und neu
zu schaffen. Mit kleinen und großen Projekten, im eigenen Garten,
im landwirtschaftlichen Bereich oder auf öffentlichen Flächen, len-
ken sie die Aufmerksamkeit auf die dramatischen Veränderungen
und fordern jeden auf, am Netzwerk der (Über-)Lebensräume für
Insekten – und für uns – mit zu bauen. In der Überzeugung, dass
jede Veränderung im komplexen Zusammenspiel dessen, was wir
Natur nennen, weiterwirkt, dass sich Wahrnehmung verändern
lässt und dass Druck von unten, von Bürgern, sich zwar langsam
aufbaut, aber dann Fahrt aufnimmt und selbst Entscheidungsträger
und Verwaltungen mitzieht. Das alles geht weit über Feigenblatt-In-
itiativen hinaus und entwickelt eine Dynamik, die sich in Städten
und auf dem Land beobachten lässt und die auch nationale wie
internationale Entscheidungsträger zum Nachdenken zwingt. Und

---

* Autorin Kapitel 7 bis 9 sowie Epilog: Eva Rosenkranz.

so mache ich mir für die folgenden Kapitel gern einen Slogan des Österreichischen Naturschutzbundes zu eigen: »Jeder m² zählt«.

Schließlich hebt die Hummel allen Berechnungen zum Trotz eben doch ab und vermag, wie man heute weiß, bis in Himalaya-Höhen aufzusteigen – wenn es ihr dort oben nicht zu kalt wäre.

Wissen ist Macht

»Wir sind dann mal weg!« – »Dramatischer Insektenschwund in Deutschland.« – »Krefeld ist überall.« – »Rette sie, wer kann!« – »Sag mir, wo die Insekten sind.«

In diesem Sommer hallt die Forderung »Rettet die Insekten!« durch die Medien. Das Insektensterben ist in den Schlagzeilen angekommen – und hält sich als »Zukunftsfrage der Menschheit« (FAZ) dort nun schon so lange, dass selbst Lobbyisten sowie Minister und Ministerinnen nicht umhin können, sich zumindest um verbale Schadensbegrenzung zu bemühen. So erkannte die amtierende Landwirtschaftsministerin Julia Klöckner im Mai 2018, dass die Biene »systemrelevant« sei und dass es ihr »künftig in Deutschland wieder besser gehen soll«. Denn »was der Biene schadet, schadet dem Landwirt und damit uns allen«. Wobei sie übersehen hat, dass alles, was der Biene ihre Lebensgrundlage vernichtet, uns nicht nur deshalb bedroht, weil es die Landwirte das Fürchten lehrt (oder lehren sollte), sondern weil es mit einem gewaltigen Artenverlust einhergeht und damit unsere Überlebensversicherung untergräbt.

Einen Erkenntnisschritt weiter war da schon Umweltministerin Svenja Schulze, als sie ebenfalls im Mai 2018 ihr »Aktionsprogramm Insektenschutz« vorstellte: »Wir erleben ein dramatisches Insektensterben, das die Natur insgesamt aus dem Gleichgewicht bringt. (...) Auch wenn es noch weiteren Forschungsbedarf zum Insektenrückgang gibt, sind die genannten Ursachen (übermäßige Anwendung von Pflanzenschutzmitteln und Pestiziden, Verlust der Strukturvielfalt, Intensivierung in der Agrarlandschaft etc., siehe Kapitel 4 und 8) bereits heute wissenschaftlich hinreichend belegt und begründen einen akuten Handlungsbedarf.« Dementsprechend will sie mit strengen Vorgaben für Düngung und Pestizideinsatz, mit

Artenreiche Wildblumenwiese.

kleinräumigeren Strukturen auf den Feldern, mit neuen Lebensräumen und Vernetzungen sowie Hecken und Wildpflanzen reagieren. Gute Vorsätze, die aber aus dem Geist eines Irrtums erwachsen: Natur ist kein Etwas, dem die Menschen mit einer großzügigen Geste mehr Raum geben können (oder es nach Gutdünken sein lassen). Es steht uns nicht frei, zur Natur zurückzukehren, weil wir sie gar nicht verlassen können. Naturschutz ist also Selbstschutz.

Auch die Vertreter der Bauernverbände versuchen sich in Verbindlichkeiten – der DBV teilte mit, der Schutz von Bestäubern sei im Interesse der Landwirtschaft und müsse als »gesellschaftliche Aufgabe« erkannt werden –, verbitten sich aber voreilige Schlüsse in Richtung Verantwortung der Landwirtschaft; sie fordern weitere Untersuchungen. Doch Aussitzen funktioniert nicht, da die Faktenlage, wie im Kapitel 2 gesehen, keine Zweifel am Massensterben der Insekten zulässt und keine Zeit mehr bleibt, abzuwarten.

Dem Aussitzen wollen Umweltorganisationen wie der NABU auf keinen Fall eine Chance geben. Sie rufen alle Bürger erstmals zu einer bundesweiten Volkszählung der fliegenden Insekten auf. Im Juni und im August 2018 sollte jeder jeweils eine Stunde zählen, wie viele Insekten er sieht (siehe auch Kapitel 9). Es geht um viel – und diese Erkenntnis greift um sich.

Im Bewusstsein der Lage und gegen das Totschlagargument, dass der Einzelne doch nichts tun kann, stemmt sich auch ein wachsender Teil der 15 Millionen Gartenbesitzer in Deutschland ebenso wie Balkonnutzer in der Stadt und auf dem Land gegen den Verlust der Artenvielfalt. Dabei stört es sie nicht, dass grün gerade chic ist. Auch Mainstream kann dazu beitragen, das Bewusstsein für den Verlust von Schönheit, Duft und Naturerfahrung wieder zu wecken. So eignen sich all die alten und neuen Naturliebhaber Wissen über ökologische Zusammenhänge, Blumenwiesen, Insekten und Pflanzengesellschaften an, bauen an ihren persönlichen Refugien des Möglichen und engagieren sich für ein anderes Verständnis von Natur im öffentlichen Raum. Unterstützt werden sie dabei inzwischen von vielen Naturschutzorganisationen, lokalen und regionalen Initiativen – und auch öffentlichen Verwaltungen, die sich Maßnahmen wie die Wildlebensraumberatung in Bayern einfallen lassen. Sie alle bauen an jenem Netzwerk der Vielen, die sich weder entmutigen noch abschrecken lassen wollen (siehe Kapitel 9).

Vielfalt verzaubert und heilt

Auch wenn Blumenwiesen und insektenfreundliche Maßnahmen in Privatgärten artenreiche Wiesen und Weiden nicht ersetzen und die Folgen einer industrialisierten Landwirtschaft nur ein wenig abfedern können, bilden sie doch ein Netzwerk aus Oasen für heimische Pflanzen, Insekten und damit auch für viele andere Tiere. Welches Potenzial in den privaten Gärten liegt und welchen Beitrag sie damit zur Biodiversität leisten können, mag eine Zahl verdeutlichen: Die Privatgärten in Deutschland umfassen etwa 930.000 Hektar; zum Vergleich: Die Summe aller Naturschutzgebiete umfasst rund 1.382.000 Hektar.

Jeder Garten ist Teil der umgebenden Landschaft und des Naturraums. Ganz gleich, wie groß ein Garten ist, er kann mit wenigen Veränderungen insektenfreundlich gestaltet werden. Im Zentrum aller Maßnahmen stehen Lebensraumschutz und Vielfalt. Es geht also um Nahrungsquellen rund ums Jahr, um Kinderstuben, Schlafplätze, Winterverstecke oder Wasserstellen, um Matsch, Holz, Steine und ein wenig sich selbst überlassener »Unordnung«. Von all dem profitieren natürlich auch all die anderen oft weniger sichtbaren Bewohner wie Käfer, Spinnen oder Ameisen.

Ein naturnaher Garten hat vier wesentliche Elemente: eine blütenreiche Wildblumenwiese (wenigstens in Teilbereichen), Staudenbeete (evtl. durchsetzt mit ein- und zweijährigen Blühpflanzen), heimische Sträucher, möglichst als gemischte Hecke (mit ihren insektenfreundlichen Blüten und vogelfreundlichen Früchten), sowie heimische Laubbäume, sofern Platz vorhanden. Dazu gehören einige Grundsätze, um Insekten, insbesondere Wildbienen, Hummeln und Schmetterlinge in den Garten zu locken – und mit ihnen Vögel, Fledermäuse, Amphibien und Kleinsäuger:

- Standortangepasste Nahrungs- und Wirtspflanzen in ausreichender Menge und über alle Vegetationsmonate verteilt
- Viele ungefüllte Blüten, da bei gefüllten Blüten Insekten Pollen und Nektar nicht erreichen können
- Wiesen, die (wenigstens zum Teil) mit einheimischen Wildblumen aufgewertet und nur zweimal gemäht werden
- Mähen in Abschnitten, um nicht alle Insekten dabei zu töten oder alle Nahrungsquellen gleichzeitig zu beseitigen
- Verzicht auf Mähroboter, Laubsauger und -bläser
- Verschiedenartige Nistplätze für die unterschiedlichen Bedürfnisse der Insekten
- Baumaterial für den Bau von Brutzellen
- Totholz, Sand, Lehm, Steine
- Wasser, Pfützen
- Winkel, die sich selbst überlassen bleiben
- Laub und Pflanzenreste
- Verwelkte Pflanzen, die über den Winter stehen bleiben
- Verzicht auf Dünger, Insektizide, Herbizide
- Verzicht auf unfruchtbare, kurzlebige Hybridpflanzen
- Komposthaufen
- Nistplätze für Vögel und Fledermäuse
- Begrünte Fassaden*

---

* Wichtige Hinweise hierzu verdanke ich Menschen und Einrichtungen, die sich seit vielen Jahren mit dem Thema Naturgarten, Insektenschutz etc. befassen. Im Anhang finden sich dazu weitere Links und Literaturhinweise.

Naturnahe Gärten als artenreiche Lebensräume ...

bieten Insekten Nahrung und Nistplätze.

Dabei geht es natürlich auch darum, unsere Wahrnehmung dessen, was ein guter Garten ist, zu überprüfen. Die zunehmend ausgeräumte Landschaft, in der artenreiche Wiesen, Hecken, Bachläufe und prägende Bäume selten geworden sind, hat sich in unseren Köpfen als »Normalzustand« manifestiert. Die bunte Wiese ist besonders, nicht die artenarme »Grünfläche«, der superkurz und von jedem Löwenzahn oder Gänseblümchen frei gehaltene Rasen, der neuerdings gern von (Igel, Amphibien und Insekten gefährdenden) Rasenrobotern bewacht wird. Ungeachtet der regionalen Pflanzenwelt werden standortfremde, oft immergrüne Sträucher und nur auf üppige Blüte gezüchtete, aber sterile Pflanzen eingesetzt. Die Erinnerungen an das, was noch vor wenigen Jahrzehnten unsere Landschaften und Gärten prägte, drohen uns innerhalb nur weniger Generationen verloren zu gehen. Die Ordnungs- und Kontrollvorstellungen unserer Wohnungen und Häuser sickern in das Draußen und leisten der Verarmung weiter Vorschub.

Ökosystemdienstleistungen – Insekten für Menschen

Unter dem (unschönen) Begriff »Ökosystemdienstleistung«, der auch in der gegenwärtigen Debatte um das Insektensterben auftaucht, versteht man jene Dienstleistungen, die alle natürlichen Lebensräume mit ihren Bewohnern kostenlos für den Menschen erbringen. Auch wenn sich die Biodiversitätsforschung nicht auf das Preisschild an der Natur reduzieren lässt, machen Berechnungen deutlich, um welche Dimensionen es sich hier handelt. Nimmt man etwa die Dienstleistungen trinkbares Wasser, gesunde Böden und Atemluft zusammen, entspricht der Wert pro Jahr dem gesamten Weltbruttosozialprodukt.[1] Dabei spielt die Vielfalt intakter Lebensräume eine wesentliche Rolle für einen funktionsfähigen Naturhaushalt, der wiederum die Lebensgrundlagen der Menschen sichert. In diesem komplexen System kommt den Bestäubern zentrale Bedeutung zu. Darunter wiederum vor allem den Wildbienen. Sie gelten als »keystone species«, also als Arten, die einen wichtigen Einfluss auf das Ökosystem ausüben und deren Verlust gefährliche Folgen für das gesamte Ökosystem hat. Global gesehen führt der Rückgang oder

Ausfall von Wild- und Honigbienen zu einer »Bestäubungskrise«. Der Wert der Bestäubungsleistung durch Bienen wird weltweit auf 153 Milliarden Euro pro Jahr geschätzt, für Deutschland allein auf etwa 2,5 Milliarden. Nicht schätzbar ist die ökologische Leistung für den Erhalt und die Entwicklung der Wildpflanzenvielfalt.

Knautien-Sandbiene (*Andrena hattorfiana*) auf Witwenblume (*Knauita arvensis*).

Bienenweiden sind auch für andere Insekten von großer Bedeutung, die allerdings oft auch weitere Nahrungsquellen nutzen. »Deshalb decken die hohen Ansprüche der Bienen an das Blütenangebot im Wesentlichen auch diejenigen der anderen blütenbesuchenden Insekten ab. Wild- und Honigbienen weisen damit eine gewisse Schirmfunktion für das blütenreiche Offenland auf.«[2]

Wiese statt »Grünfläche«

Wiesen sind von Menschen über Jahrhunderte geschaffene Pflanzengesellschaften aus Gräsern und Kräutern. Artenreiche Blumenwiesen gedeihen auf mäßig oder gar nicht gedüngten Böden. Der Artenreichtum steigt von etwa 25 Arten von Blühpflanzen in einer Fettwiese bis auf über 100 Arten an sehr mageren, stickstoffarmen Standorten. Frei nach dem Prinzip: Mangel treibt die schönsten Blüten. Kaum eine Wiese gleicht der anderen. Und jede Wiese verändert sich von Jahr zu Jahr, je nach Witterung, Schnittzeitpunkt und darin vorkommenden Tieren. Damit gehören sie zu den spannendsten Ökosystemen direkt vor unserer Haustür.

Wir aber reden kaum noch von Wiesen; der verwaltungstechnische Begriff »Grünfläche« hat sich etabliert und sich sogar in gärtnerische Publikationen eingeschlichen. Als ginge es um eine Fläche, die zufällig grün ist – und deren einzige Bestimmung es ist, gemäht und als Straßenbegleitfläche durch Verordnungen (z. B. zu »Fehlerverzeihenden Straßen«) reguliert zu werden.

Wildblumenmatten beim Verlegen und nach Abschluss der Arbeit.

Zur Anlage einer standortgerechten Blumenwiese gibt es viele Möglichkeiten. Man kann in eine bestehende Wiese vorgezogene Pflanzen spezieller Anbieter einsetzen, man kann Fenster aus Wildblumenmatten legen oder eine komplett neue Einsaat vornehmen, was sich insbesondere bei neuen Gärten empfiehlt. Dabei ist immer auf heimisches Saatgut zu achten, das die speziellen Bodenverhältnisse sowie regionale Besonderheiten berücksichtigt und vor allem mehrjährige Pflanzen enthält. Viele Blühmischungen aus Baumärkten sind wenig geeignet. Um herauszufinden, welche Pflanzen für die eigene Region typisch und angepasst sind, kann man sich bei speziellen, zugelassenen Anbietern informieren.[3]

In jedem Fall müssen Wiesen gemäht werden (ein- bis zweimal pro Sommer), sonst nehmen die Gräser überhand, Sträucher siedeln sich an (Verbuschung). Damit geht eine Verarmung einher. Wichtig für den Erhalt der Artenvielfalt in einer Wiese ist auch das abschnittsweise Mähen, damit ein kontinuierliches Blühen nebst Samenentwicklung sowie zum Jahresende auch Überwinterungsräume möglich sind. Eine großflächige Mahd kann einen kompletten Nahrungsausfall nach sich ziehen, was für viele Insekten tödlich ist, oder die gerade in der Wiesenfläche lebenden Insekten direkt töten.

KAPITEL 7

Wilde Möhre (*Daucus carota*, links), Wiesensalbei (rechts).

Eine kleine Auswahl von Wildblumen für Blumenwiesen[4]

- Hornklee
- Wiesen-Platterbse
- Kriechender Günsel
- Wilde Möhre
- Scharfer Hahnenfuß
- Wiesen-Schaumkraut

- Zaunwicke
- Wiesen-Salbei
- Rundblättrige Glockenblume
- Wiesen-Flockenblume
- Wiesenkerbel

»Bestäubung ist wie eine Orchesterleistung«

Die Bedürfnisse heimischer Insekten sind vielfältig und standort-
gebunden. Ihre fliegenden Vertreter haben vielfach einen geringen
Flugradius und sind auf Nahversorgung mit Pollen und/oder Nektar
angewiesen (siehe hierzu Kapitel 1). Dabei ist die Honigbiene mit
einem Radius bis zu drei Kilometern eher ein Weitflieger, während
einige Wildbienenarten nur 200 bis 300 Meter überbrücken. Zu vergessen ist auch nicht, dass zu den Sympathieträgern Biene, Hummel
und Schmetterling natürlich auch ihre »Verwandtschaft« gehört,
will heißen, ihr Nachwuchs in Gestalt von Raupen oder Larven,
die wiederum spezielle Nahrungswünsche und Ansprüche an ihre
Wirtspflanzen haben. Ohne diese manchmal ungeliebten Pflanzen,
stellvertretend sei die Brennnessel genannt, sind sommerlich gau-
kelnde Falter leider nicht zu haben.

Die »Wilden Schwestern« der allseits beliebten und gehegten Honigbiene sind erst seit kurzer Zeit in den Fokus der Öffentlichkeit gerückt. Dabei sind Wildbienen »fleißiger, weniger verzärtelt und mindestens genauso hübsch«.[5] Außerdem ist die wildlebende Verwandtschaft mit ihren über 570 allein in Deutschland nachgewiesenen Arten (580 in der Schweiz, 690 in Österreich, 17.000 weltweit) unersetzlich in ihrer weitreichenden und die Honigbiene ergänzenden Bestäubungsleistung.[6] »Studien haben gezeigt, dass die Erträge in Obstplantagen höher sind, wenn es dort neben den Honigbienen auch noch Wildbienen gibt.«[7] Das hängt damit zusammen, dass Wildbienen, zu denen übrigens die Hummeln gehören, auch bei schlechtem Wetter fliegen – Hummeln noch bei Temperaturen um den Gefrierpunkt – und zwischen mehr Pflanzenstandorten wechseln als die Honigbiene. Deshalb spricht etwa Melanie von Orlow vom Naturschutzbund Deutschland (NABU) von der Bestäubung als »Orchesterleistung«[8], und der Agrarökologe Teja Tscharntke von der Universität Göttingen ergänzt: »Ein wichtiger Punkt ist, dass Honigbienen dazu neigen, von Blüte zu Blüte zu fliegen, ohne den Baum zu wechseln. Damit transportieren sie oft den genetisch identischen Pollen. Wichtig für den Ertrag ist aber, dass es zu einer Kreuzbestäubung kommt. Außerdem sind Wildbienen schneller und wendiger, und diese ›produktive Unruhe‹ kann Honigbienen stören und veranlassen, die Pflanze zu wechseln. Es ist die Kombination von Wild- und Honigbiene, die den Bestäubungserfolg ausmacht«.[9]

In dieser Gemeinschaftsleistung schlagen sich Jahrmillionen evolutionärer Entwicklung nieder, die Bienen und Pflanzen gemeinsam durchlaufen haben; so haben sich etwa die Mundwerkzeuge an spezielle Pflanzen angepasst. Ein Drittel unserer heimischen Wildbienen sind daher auf bestimmte Blumen spezialisiert und können ohne diese nicht überleben.

Aufgrund von fehlenden Lebensräumen und Nahrungsangeboten sind mehr als die Hälfte aller Wildbienen in ihrem Bestand bedroht, in Bayern ebenso wie in ganz Deutschland. Dementsprechend und aufgrund ihrer großen Bedeutung sind die Wildbienen in der Bundesartenschutzverordnung unter besonderen Schutz gestellt.

Die verschiedenen Arten haben, über die Jahreszeiten verteilt, oft nur kurze Flugzeiten vom zeitigen Frühjahr bis zum Herbst (etwa bis zum Aufblühen des Efeus) und sehr unterschiedliche Bedürfnisse an ihren Lebensraum, sind daher oft spezialisiert. Es lassen sich jedoch drei Faktoren für einen typischen Wildbienen-Lebensraum nennen: der für die jeweilige Art typische Nistplatz, Nahrungspflanzen in ausreichender Menge und Baumaterial für Brutzellen. Konkret heißt das: Wildbienen brauchen zum Beispiel besonntes Totholz, artenreiche Wiesen, Sand, Kies, Lehm, Brachflächen. Blüten dienen den Wildbienen nicht nur als Nahrungsquelle, vor allem mit Nektar, sondern auch als »Rendezvous-Lokalität«, Schlaf- und Rastplatz oder

Gemeine Sandbiene (*Andrena flavipes*, oben), Eingang zum Nest einer Sandbiene (unten).

Schutzraum bei Regen. Besonders die Blüten von Glockenblumen, Storchschnabel und Wegwarten werden von Männchen verschiedener Gattungen zum Schlafen genutzt. Dabei »kuscheln« sie sich gern zu Schlafgemeinschaften zusammen.

Aber: Auch wenn sich in einem insektenfreundlichen Garten oder auf einem Balkon zahlreiche Wildbienenarten einfinden können, kann dieser Lebensraum doch niemals eine artenreiche freie Landschaft ersetzen (siehe auch Kapitel 4), denn viele Wildbienenarten können im Wohnumfeld des Menschen nicht existieren.[10]

Nahrung verzweifelt gesucht – von Trachtlücken und Trachtfließbändern

Wenn wir uns gerade an die Blütenfülle des Frühjahrs und beginnenden Sommers gewöhnt haben, leert sich der Tisch für viele Insekten bereits wieder. Imker berichten, dass ihre Bienen in manchen Jahren schon Ende Juni hungern. Man sollte also auch im eigenen Garten auf einen fließenden Übergang der Blühzeiten, auf das sogenannte Trachtfließband, achten. Unter solchen Trachtlücken leiden besonders die Wildbienen mit ihren oft kurzen Flugzeiten. Vor allem die späten Trachtlücken von Juni bis Oktober und die frühen von Januar bis Februar sollte man in seinen Planungen von Beet- und Wiesenpflanzen sowie Büschen und Bäumen berücksichtigen.

Grundsätzlich lieben Insekten viele Arten von Wildpflanzen, darunter Löwenzahn, Kriechender Günsel, Gundermann, Wiesensalbei, Kleine und Große Braunelle, Ziestarten, Schöllkraut, Skabiosenflockenblume, Wiesenglockenblume, Wiesenplatterbse, Rotklee, Weißklee, Wundklee, Hornklee, Steinklee, Rote und Weiße Taubnessel, Vogelwicke, Zaunwicke, Hahnenfußarten, Wiesenknopf, Taubenskabiose, Herbstzeitlose, Klatschmohn, Fetthenne, Ochsenzunge, Leinkraut, Nachtkerze, Königskerze, Ackerwachtelweizen, Malvenarten, Distelarten, Karde, Schafgarbe, Natternkopf, Kornblume, Dost, Baldrian, Johanniskraut, Mädesüß, Beinwell, Lerchensporn. Außerdem die Blüten von Wildrosen, Liguster, Beerensträuchern oder Obstbäumen. Dazu Kräuter wie Majoran, Pfefferminze oder Borretsch und natürlich die Blüten vieler Gartenpflanzen.

Gewöhnlicher Giersch (Aegopodium podagraria).

Um Trachtlücken zu vermeiden, ist es aber wichtig, die Blühmonate der Pflanzen zu kennen. Vor diesem Hintergrund sind die folgenden Übersichten mit einer kleinen Auswahl von Pflanzen, Büschen und Bäumen als Nahrungsquellen für Insekten zu verstehen. Geordnet nach Blühmonaten, kann damit jeder Gärtner und/oder Balkonbesitzer einen Überblick gewinnen, ob das Futterangebot insbesondere auch die Monate Januar und Februar sowie ab Juni/Juli bis Oktober berücksichtigt.*

Vorangestellt haben wir ein »Ranking« jener Pflanzen, die nach Beobachtungen unter anderem des Lebendigen Bienenmuseums Knüllwald am häufigsten von Insekten (ohne Schmetterlinge) besucht werden.[11] Dabei ist bemerkenswert, dass der von Gärtnern unerbittlich bekämpfte Giersch zu den am häufigsten angeflogenen hiesigen Wildpflanzen gehört. Wie in vielerlei Hinsicht scheint also auch hier Ge-Lassenheit eine für alle Beteiligten bedenkenswerte Option zu sein.

Blühpflanzen, die besonders häufig von Insekten und Wildbienen angeflogen werden

Insekten wie Bienen, Fliegen, Wespen, Schwebfliegen, Käfer.
1. Wiesenbärenklau (91 beobachtete Insekten- und Wildbienenarten), 2. Giersch (56), 3. Goldrute (50), 4. Wiesenkerbel (47), 5. Wiesen-Pippau (45), 6. Jakobs-Greiskraut (33), 7. Weiden (31)

Wildbienen:
1. Weiden (28 beobachtete Wildbienenarten),
2. Löwenzahn (25), 3. Wiesen-Pippau (23), 4. Aufrechte Brombeere (22), 5. Stachelbeere (19), 6. Jakobs-Greiskraut (16),
7. Färberkamille (15)[12]

---

* Die kleinen Auswahlen dienen nur zur Orientierung und Ermutigung und können nicht die zahlreichen Publikationen ersetzen, die sich aus vielfältiger gärtnerischer Sicht mit insektenfreundlichen Pflanzungen etc. befassen. Im Anhang finden sich Hinweise dazu.

Blühgartenpflanzen für Bienen[13]

Monat	Name	Besonderheit
Januar – März	Winterling	Knolle
	Krokusse/div.	Zwiebel
	Blaustern	Zwiebel
	Traubenhyazinthe	Zwiebel
	Lungenkraut	Staude
	Schneeglöckchen	Zwiebel
	Märzenbecher	Zwiebel
	Blaue Anemone	Zwiebel
	Wildtulpen	Zwiebel
	Narzissen	Zwiebel
	Lerchensporn	Staude
	Christrosen	Staude
	Duftveilchen	Staude
März/April	Wiesenschlüsselblume	Staude
	Taubnessel	Staude
	Buschwindröschen	Zwiebel
	Schachbrettblume	Zwiebel
	Hyazinthen	Zwiebel
	Milchstern	Zwiebel
	Gundermann	Staude
	Kuhschelle	Staude
	Leberblümchen	Staude
	Silberblatt	einjährig
	Günsel	Staude
April/Mai	Löwenzahn	Wildstaude
	Nachtviole	zweijährig
	Vergissmeinnicht	einjährig/Staude
	Muskatellersalbei	zweijährig
	Frühlings-Platterbse	einjährig
	Storchschnabel (bis Okt.)	Staude
	Nelkenwurz	Staude
	Steinkraut	Staude
Mai/Juni	Akelei	zweijährig
	Glockenblumen (bis Aug.)	Staude
	Flockenblume	einjährig
	Wiesenmargerite	Staude
	Ehrenpreis (bis Aug.)	Staude
	Fetthenne (bis Okt.)	Staude
	Graslilie	Staude
	Salbei (bis Okt.)	zweijährig/Staude
	Stockrose (bis Sept.)	zweijährig
	Ziest	Staude

Juni/Juli	Klatschmohn	einjährig
	Jakobsleiter	Staude
	Wiesenraute	Staude
	Borretsch	einjährig
	Fingerhut	zweijährig
	Lupine	zweijährig
Juni – August	Kronwicke	zweijährig
	Wilde Möhre	zweijährig
	Nelken	Staude
	Steinklee	Staude
	Kornrade	einjährig
	Wald-Geißbart	Staude
	Mädesüß	Staude
	Schafgarbe	Staude
	Lavendel	Staude
	Königskerzen	zweijährig
	Färberkamille	Staude
	Steinquendel	Staude
	Eibisch (bis Okt.)	Staude
	Natternkopf	einjährig
	Hauswurz	Staude
	Hornklee	Staude
	Sonnenblume	einjährig/Staude
	Malven	zweijährig/Staude
	Majoran (bis Okt.)	Staude
	Phacelia (bis Okt.)	einjährig
	Thymian (bis Okt.)	Staude
	Wegwarte	Staude
	Alant	Staude
	Beinwell	Staude
	Zaunrübe	Kletterpflanze
	Wohlriechendes Geißblatt	Kletterpflanze
August – Oktober	Herbst-Anemone	Staude
	Stauden-Knöterich	Staude
	Ysop	Staude
	Sonnenhut	Staude
	Herbstastern	Staude
	Eisenkraut	Staude
	Goldrute	Staude
	Herbst-Margerite	Staude
	Oktober-Silberkerze	Staude
	Chrsyantheme	Staude
	Efeu	Kletterpflanze

Blühgartenpflanzen besonders für Hummeln

Die Hummeln sind mit ihrer langen Zunge nach den Solitär- und Honigbienen die wichtigsten Bestäuber. Bei uns sind etwa 40 Arten heimisch. Durch ihren Pelz geschützt sind sie weniger kälteempfindlich und können sich mit ihrer Flugmuskulatur wärmen. So fliegen sie Blüten auch in kalten Blühperioden an, was die Verluste bei schlechter Witterung zur Obstbaumblüte verringern kann. Da nur die Königinnen den Winter überleben und dann neue Völker begründen, ist es für die Bestandserhaltung wichtig, dass die hungrigen Brummer bereits im zeitigen Frühjahr Nahrung erwartet.

Monat	Name	Besonderheit
Januar – März	Nieswurz	Staude
	Lungenkraut	Staude
	Primel	Staude
	Krokusse	Zwiebel
	Veilchen	Staude
	Narzissen	Zwiebel
	Winterling	Knolle
April/Mai	Löwenmäulchen	Einjährig
	Akelei	Einjährig
	Storchschnabel	Staude
	Glockenblume	Staude
	Mohnarten	Einjährig/Staude
	Goldlack	Einjährig
Juni/Juli	Rittersporn	Staude
	Katzenminze	Staude
	Fingerhut	Staude
	Bechermalve	Zweijährig
	Melissen	Staude
	Salbei	Staude
	Thymian	Staude
August/September	Stockrose	Zweijährig
	Lavendel	Staude
	Sonnenblume	Einjährig
	Sonnenhut	Staude
	Sommerflieder	Strauch
	Alant	Staude
	Wicke	Einjährig
Oktober	Efeu	Ranker

Insektenfreundliche Büsche und Bäume

Name	Blühzeitraum
Brombeere	Juni bis September
Eberesche	Mai bis Juni
Feldahorn	Mai bis Juni
Felsenbirne	April bis Juni
Johannisbeere	April bis Mai
Kornelkirsche	März bis April
Obstbäume	Apri bis Mai
Salweide	März bis April
Schlehdorn	April bis Mai
Sommerlinde	Juni
Spitzahorn	April bis Mai
Weißdorn	Mai
Wildrosen	Mai bis Juli
Winterlinde	Juni bis Juli

Wirtspflanzen für Raupen

Name	Schmetterlingsraupen
Brennnessel	Admiral, Tagpfauenauge, Kleiner Fuchs
Borretsch	Distelfalter
Färberwaid	Aurorafalter, grüner Zipfelfalter
Hornklee	Hauhechelbläuling, Blutströpfchen
Kratzdistel	Distelfalter, Flohrauteule
Wiesen-Labkraut	Taubenschwänzchen
Wiesen-Schaumkraut	Aurorafalter
Nachtviole	Nachtfalter
Wilde Möhre	Schwalbenschwanz
Salweide	Großer Fuchs, Abendpfauenauge, Trauermantel

Die Spitzenplätze auf der Beliebtheitsskala bei den Raupen nehmen allerdings Wegwarten (mit 48 Schmetterlingsarten) und Löwenzahn (41 Arten) ein.

Dass den Schmetterlingen, dieser mindestens 210 Millionen Jahre alten Insektengruppe, allenthalben die Lebensgrundlage entzogen wird, haben wir in früheren Kapiteln bereits gesehen. Angesichts der drastischen Verluste von blütentragenden Lebensräumen wird auch

Admiral (*Vanessa atalanta*) auf blühendem Strauch.

von Experten auf die Bedeutung von Gärten mit bewusst gestalteten Blüteninseln hingewiesen. »Falterblumen« zeichnen sich durch besonders reiche Nektarproduktion aus und bieten vom zeitigen Frühjahr bis in den Spätherbst Nahrung. Sie sind oft trichterförmig, sodass die Schmetterlinge gut landen können. Als gut besucht haben sich etwa Krokusse, Primeln, Blaukissen, Goldlack, Fetthenne, Taglilie, Phlox, Ziertabak, Kugeldistel, Herbstastern, nicht gefüllte Dahlien und der Schmetterlingsflieder erwiesen.[14]

Geranien? Vielleicht eine …

Die Liebe zu Geranien teile ich nicht – und weiß mich darin mit den Insekten einig. Aber ich will keinem Geranienliebhaber die Freude daran verderben. Manchmal sind Kompromisse angesagt. Das könnte bedeuten, Blumenkästen und Kübel, die mit insektenfreundlichen Blumen und Kräutern bepflanzt sind, mit Geranienkästen zu mischen. Die auch von Seiten der Gärtnereien und erst recht der Bau- und Gartenmärkte einseitig geprägte Wahrnehmung, was in Balkonkästen »gehört«, lässt sich auf diese Weise langsam verändern. Denn auch Blumenkästen mit Insektenpflanzen sind schön – und lassen sich langlebiger anlegen (Stichwort »intelligenter

Blumenkasten«) als die aufgepäppelten Schnell(ver)blüher, die jede versäumte Düngergabe sofort beleidigt quittieren.*

Pflanzenauswahl für insektenfreundliche Blumenkästen und Kübel

Blaukissen, Glockenblumen, Ziest, Natternkopf, Platterbse, Färberkamille, Reseden, Muskateller-Salbei, Wegwarte, Mauerpfeffer, Goldlack, Verbene, Ziertabak, Steinkraut.

Immer wieder festzustellen ist, dass das Taubenschwänzchen die Petunien, die jede Gärtnerei anbietet, gern besucht. Ob diese Nahrungsquelle ergiebig ist, habe ich bisher nicht erkennen können.

Der »Intelligente Blumenkasten« enthält mehrjährige Pflanzen, die als winterharte ganzjährig draußen bleiben können. Hier bieten sich insbesondere Kräuter, aber auch Fetthennen-Arten an.[15]

Als Kräuter-Schönheiten zum Beispiel Lavendel, Ysop, Dost, Thymian, Zitronenmelisse, Salbei, Pfefferminze, Weinraute oder Schnittlauch. Von den *Sedum*-Arten die Große Fetthenne oder der Weiße Mauerpfeffer. Gute Erfahrungen gemacht habe ich mit Nachtkerzen und Königskerzen, die sich selbst auf Freiflächen im Kasten ausgesät hatten. Außerdem sind insbesondere kleinere Gärtnereien bemüht, für Balkon- und Terrassenbepflanzung eine immer größere Auswahl an insektenfreundlichen Pflanzen anzubieten.

Keine 5 Sterne für das Insektenhotel

Insekten wollen nicht nur fressen, sondern trinken, sich paaren, gute Bedingungen für den Nachwuchs schaffen, schlafen, bestenfalls überwintern. Ihre Bedürfnisse sind dabei so vielfältig wie sie selbst. Deshalb ist es hier nur möglich, beispielhafte Hinweise für Nistplätze, Kinderstuben oder Verstecke zu geben.

So wie etwa im Fall der Mauerbiene, die sich leere Schneckenhäuser ausgesucht hat. Es ist ein großes Vergnügen, das sich mit

---

* Neben vielen Publikationen bietet z. B. die Bayerische Landesanstalt für Weinbau und Gartenbau in Weihenstephan Übersichten mit detailreichen Angaben zu insektenfreundlichen Bepflanzungen.

Bewunderung verbindet, ihr bei der Arbeit zuzusehen, wie man im folgenden Bericht spüren kann:

»Die Schneckenhäuser müssen auf dem Boden liegen, und je nach Wildbienenart variieren die erforderlichen Rahmenbedingungen für eine Besiedelung. Mauerbienen haben eine extrem konkrete Vorstellung wie ein potenzieller Nistplatz auszusehen hat. Besiedelt werden unter anderem Häuser der Weinbergschnecke, Hainschnecken (Schnirkelschnecken) und Bänderschnecken. Die Schneckenhaus-mauerbiene (Osmia bicolor) beklebt das Schneckenhaus mit einem grünen Pflanzenmörtel, der aus abgebissenen Blattstücken und Speichel besteht. Da nicht die gesamte Außenfläche beklebt wird, entsteht ein fleckiges grünes Muster.

Das Ende der Schneckenhauswindung wird mit Steinchen, Holz-stückchen und Erdbröckchen aufgefüllt und durch eine Querwand verschlossen. Das verschlossene Gehäuse dreht die Schnecken-haus-Biene so, dass die Mündung flach dem Boden aufliegt; dieser Prozess kann so lange dauern, dass der Zuschauer in Versuchung kommt ›mitzuhelfen‹. Manchmal begradigt die Biene zusätzlich den Untergrund und fliegt die ausgegrabenen Erdbrocken weg. Der Boden darf an dieser Stelle also nicht zu verfestigt sein.

Osmia bicolor (Weibchen) im Anflug auf ihr Schneckenhaus-Nest in sonniger Südlage am Rasenrand unter einem Ahornbaum · Hain-Bänderschnecke *(Cepaea nemoralis).*

Schließlich fliegt die Mauerbiene stundenlang Hunderte trockener Grashalme oder Kiefernnadeln (1 bis 15, meist 2 bis 10 cm) ein und lehnt sie schräg an das Gehäuse. Dieser Transport ist ein wirklich putziger Anblick. Da die Halme drastisch länger sind als die Biene selbst, sieht es aus als würde sie auf einem Besen reiten. Schließlich ist das Schneckenhaus unter einem ca. faustgroßen Gras- bzw. Nadelhaufen komplett verschwunden, ein schier unglaublicher Aufwand.

Wer die Komplexität dieses Vorgangs betrachtet, wird sicher einsehen, warum es völlig sinnlos ist, Schneckenhäuser zu sammeln und sie wahllos in einer Insektennisthilfe zu stapeln oder aufzuhängen.«[16]

Osmia bicolor liebt also Schneckenhäuser, doch liebt sie auch die sogenannten Insektenhotels, die derzeit unübersehbar en vogue sind? Baumärkten scheint das jedenfalls egal zu sein. Sie haben die Hotels in überreichlichen Ausführungen im Sortiment. Doch wer die teils gewagten Konstruktionen kauft, ist einem PR-Gag aufgesessen – als habe man für einen luxuriösen Preis ein Billighotel ohne Frühstück gebucht. Im Grunde ist schon der Name bezeichnend: Hier ist nichts von Dauer. Aber Insekten sind keine Jetsetter, sie suchen eine sichere Bleibe für sich und ihre Nachkommen, und sie brauchen mehr als ein paar Hohlziegel, unsachgemäße Holzstücke mit noch unsachgemäßeren Bohrungen.

Sie brauchen einen Lebensraum, der ein ausreichendes Nahrungsangebot und ihren Bedürfnissen angepasste Bedingungen aufweist. Nur etwa dreißig unserer Wildbienenarten nehmen überhaupt Nisthilfen an, und das sind vor allem die nicht gefährdeten. Alle anderen nisten im Boden, sind also auf die Sicherung ihrer speziellen Lebensräume wie Magerrasen, Felsfluren, Sand- oder Kiesgruben sowie Brachflächen angewiesen. Auch im Garten ist weniger oft mehr. So sind trockene Brombeerranken oder Stiele der verwelkten Königskerze als Nist- oder Überwinterungsplätze sinnvoller als jedes Insektenhotel. Wer dennoch Nisthilfen anbieten möchte, sollte sie selbst bauen (z. B. mit Kindern) und dabei die Hinweise von Experten beachten.[17]

Übrigens entwickeln Insekten manchmal einen durchaus exzentrischen Geschmack bei der Auswahl ihrer Kinderstuben. So konnte ich in diesem Sommer eine Solitärwespe wochenlang dabei beobachten, wie sie an der Außenseite einer Glastür auf der Scheibe ihr zartgraues, etwa 1-Euro-Stück großes Nest baute, nur gehalten von einem winzigen Füßchen, das auf der Scheibe klebte. Nach Fertigstellung füllte sie es mit Jagdbeute für die künftige Larve, zum Beispiel mit Blattläusen oder Fliegen, die sie mit ihrem Stachelgift lähmt. Dann legte sie ein Ei hinein (was ich natürlich nicht beobachten konnte) und verschloss es mit etwas, das wie Harz aussah.

Jeden Morgen habe ich nach ihr gesehen; immer saß sie dann hinter ihrem Nest und schlief augenscheinlich noch – keine Frühaufsteherin, und schon gar nicht bei Regen. Als dieses Buch geschrieben war, war auch die Nachwuchsregelung der gestreiften Schönheit abgeschlossen.

Die Geschichte vom Glühwürmchen, das eine Firefly ist

Bei all den Bienen und Schmetterlingen soll hier ein kleiner Exkurs an einen besonderen, ebenfalls seltener gewordenen Vertreter der anderen Insekten erinnern. In meinem Garten gibt es immer noch Glühwürmchen, deren englischer Name Firefly so viel mehr von ihrem besonderen Charme einfängt. Natürlich ist die Zahl überschaubar – nicht zu vergleichen mit der blinkenden Lichtwolke, die ich eines Abends im abgelegenen Umland von Florenz sah. Irgendwann habe ich mich gefragt, was ich bzw. mein Garten für diese Lichtwesen tun kann. Was brauchen sie, wovon und wo leben sie? Und so entdeckte ich ihren ungewöhnlichen Lebensweg, der, so formulierte es ein Bewunderer, »voller Glanz, Leidenschaft und romantischer Tragik« ist.[18]

Glühwürmchen sind Leuchtkäfer (unterschiedlicher Familienzugehörigkeit), die bei uns in Juninächten für wenige Tage fliegen (allerdings nur die Männchen). Dabei dient ihr Licht vor allem der Vermehrung bzw. dem Zusammenfinden der Geschlechter. Je nach Lebensraum und Art flirten sie in unterschiedlichem Blinkrhythmus. Kein anderes an Land lebendes Tier hat eine vergleichbare Fähigkeit, Licht zu erzeugen, ohne vorher von der Sonne angestrahlt zu werden (Biolumineszenz).

Nach der Begattung werden die Eier gelegt, bei mir augenscheinlich in einen unberührten alten Wall aus Blättern, Zweigen, verrottetem Gartenschnitt, und dann endet das kurze Lebens des leuchtenden Gartenbewohners, der als Käfer nur von Luft und Liebe und den Fettreserven aus der Larvenzeit lebt. Denn die Larve ist umso gefräßiger. Sie verbringt drei bis vier Jahre in diesem Stadium und ernährt sich von Nackt- und Gehäuseschnecken, die sie trotz beachtlichem Größenunterschied mit einem Biss lähmt und dann innerhalb von 24 Stunden auffrisst. Damit gehört sie zu den ganz wenigen Tieren, die Nacktschnecken als Leckerbissen betrachten – was Gärtner dazu bewegen sollte, Glühwürmchen zu sich einzuladen. Dafür braucht es sich selbst überlassene, schattige Plätze, Feuchtigkeit, Dunkelheit (künstliches Licht verwirrt die Glühwürmchen) – und Nacktschnecken.

Und sonst? Wasser, Dunkelheit und wilde Ecken

Wasser ist auch für Insekten lebenswichtig. Das muss kein Gartenteich sein; Pfützen, die man in Trockenzeiten nass hält, sind ebenso willkommen. Schon meine Zinkwanne ist nicht nur Tränke, sondern auch Badeplatz und Schauplatz mancher Kunststückchen. So kann man dort beobachten, was der Begriff Oberflächenspannung bedeutet, wenn ein langbeiniges Insekt, das einer Wespe ähnelt (ich konnte es nicht bestimmen), mit langen Beinen staksig auf dem Wasser geht und vorsichtig nippt. Absolut notwendig sind bei derartigen Gefäßen große Steine und/oder aus dem Wasser ragende Astteile, die verhindern, dass Durstige ertrinken, weil die Wände zu steil und zu glatt sind.

Das Stichwort Lichtverschmutzung (siehe Kapitel 4), mit dem das Zurückweichen der Nacht und dessen Konsequenzen beschrieben wird, spielt für die Insekten eine wichtige Rolle. Die Schwärme verwirrt wirkender Nachtfalter um Straßenlaternen sind nächtlichen Spaziergängern vertraut. Doch nicht nur die vielen an heißen Lichtquellen verbrannten nachtaktiven Insekten sind erschreckend; künstliche Lichtquellen stören deren Lebensrhythmus und eventuell auch das Fortpflanzungsverhalten erheblich (was übrigens auch für Fledermäuse gilt, deren Bestäubungsbeitrag vielfach übersehen wird).[19] Durch warmweißes LED-Licht und durch eine Ausrichtung der Lichtquelle, etwa Straßenlaternen, nach unten kann das Risiko für Insekten minimiert werden.[20] Noch besser für Tiere, Menschen und Ressourcen wäre ein intelligentes Lichtmanagement in den Kommunen, das hier und da bereits praktiziert wird.[21]

Eine unnötige Belastung für Insekten sind die vielen Lichtquellen in Gärten und die rundum beleuchteten Häuser, die sich seit einiger Zeit wachsender Beliebtheit erfreuen. Wer sich um einen insektenfreundlichen Garten bemüht, sollte darauf verzichten und vielleicht auch mit den Nachbarn reden, die in ihrem Lichtgarten möglicherweise nichts von den Konsequenzen ahnen. Hier zeigt sich übrigens wieder, dass Naturschutz auch Selbstschutz ist, denn in Bezug auf das Zurückdrängen der Dunkelheit werden gesundheitliche Risiken für Menschen diskutiert.

Pflanzen für nachtaktive Insekten (oft stark duftend)

Deutscher Name	Blühzeitraum
Kleinblättriger Bauernjasmin	Juni bis Juli
Kleines Immergrün	April bis Mai
Seifenkraut	Mai bis September
Ausdauerndes Silberblatt	Mai - Juli
Rote Lichtnelke	Mai bis September
Nachtduftende Levkoje	Juni
Nachtviole	Mai bis Juni
Ziertabak	Juni bis Juli
Nachtkerze	Juni bis September

Nach all den Tipps und Maßnahmen, die es zu ergreifen gilt, um ein Insektenparadies zu schaffen, noch einmal ein Plädoyer für ein wenig ungeordnetes Terrain und Nichtstun im Garten. Für stille, immer übersehene Winkel hinter dem Kompost, wo vielleicht eine Erdkröte wohnt, den seit Jahren vergessenen Steinhaufen am äußersten Rand, wo vielleicht Zauneidechsen eingezogen sind, den hohen Haufen von Schnittgut zwischen Liguster und Fliederbusch, wo vielleicht der winzige Zaunkönig mit seiner unverwechselbar schnarrenden Stimme brütet, für den irgendwann übrig gebliebenen Sandhaufen, wo vielleicht eine Wildbiene Unterschlupf gefunden hat, den unachtsam unter dem Birnenspalier liegen gelassenen Tontopf, in dem vielleicht der Laubfrosch Mittagsschlaf hält, für die Brennnesseln, die sich unbemerkt in einer Beetecke ausgebreitet haben und nun zum Leckerbissen von Schmetterlingsraupen werden, oder

Raupe des Tagpfauenauges (*Aglais io*) auf Brennnessel.

den alten Balken, der längst hätte aufgeräumt werden sollen, aber nun leise vor sich hin rottet, zur Freude von ... Naja, alles weiß die Gärtnerin eben auch nicht.

Dies und vieles andere mehr sind Orte, wo das Lassen, die Überraschung, das Unkontrollierbare zuhause sind. Wenn jeder Gärtner nur einige solcher Orte in seinem Garten sich selbst überlässt, sie nicht der gärtnerischen Kontrollillusion unterwirft, wird er Überraschungen erleben, wird staunen, wer plötzlich alles bei ihm einzieht. Und wird so erleben, dass auch das Lassen zu den insektenfreundlichen Maßnahmen gehört.

Ganz im Sinne der Überzeugung, dass es gute Gründe für ein Stück »Wildnis« um uns herum gibt: »Ein paar wilde Ecken für die Welt von morgen.«[22]

Die Wiederentdeckung der Bauern

»Die Bauern haben uns reich gemacht.« Diese Feststellung des damaligen schleswig-holsteinischen Agrar- und Umweltministers Robert Habeck, heute Bundes-Grünen-Chef, anlässlich einer Konferenz zur Artenerosion in Agrarlandschaften, erinnert daran, dass jene Kulturlandschaft, die Artenvielfalt erst ermöglicht hat, eine Schöpfung der Bauern ist (siehe Kapitel 4). Habeck meinte mit seiner Aussage aber auch, dass die Kritik an der heutigen Land-Wirtschaft vielfach übersieht, welchen Preis Bauern (sofern nicht Agrarindustrielle) und Umwelt dafür zahlen, dass wir heute nur noch 15 Prozent unseres Einkommen für Lebensmittel ausgeben (und auszugeben bereit sind) statt rund 40 Prozent wie noch in den 1960er-Jahren. Sowohl die unglaubliche Verschwendung als auch die fehlende Wertschätzung von Lebensmitteln (»billig« gefährdet Vielfalt) ist eine Missachtung bäuerlicher Arbeit.

Es geht also auch darum, den Bauern respektive der intensivierten Landwirtschaft nicht nur die Schuld am Artensterben mit seinen dramatischen Folgen zuzuweisen, sondern ihre potenzielle Rolle als Hüter von Boden, Tier- und Pflanzenwelt, also des ökologischen Gleichgewichts, und damit einer Agrarwende wieder ins Bewusstsein zu holen. Artenvielfalt, wie wir sie kannten, ist das Ergebnis von Kooperation, nicht Konfrontation. Mit der Natur, nicht gegen sie. Diese Tatsache klingt banal, ist aber in der ökonomisierten Landwirtschaft aus dem Blick gerutscht. Doch selbst wenn wir auf der Ebene der Ökonomie verweilen, erscheint das derzeitige Konzept auf Dauer desaströs. Welche kostenlosen Leistungen eine intakte

Natur erbringt, wurde in den vorangehenden Kapiteln mehrfach verdeutlicht. Natürlich kann man weiterhin dem Glauben anhängen, die Chemie wird es schon richten. Doch wir werden sehen (und viele Bauern haben es jeden Tag vor Augen), dass die Kreativität der Natur uns immer einen Schritt voraus ist, und wir am Ende nur verlieren können – nicht nur die Lebensgrundlage der Insekten, sondern unsere eigene.

Daran erkennt man eine insektenfreundliche Landschaft[1]

Lebensraum	Nahrungsquellen	Niststrukturen
Feuchtwiesen, artenreiches Grünland	blütenreiche Säume, Ränder von Gräben	Bruchkanten, Zaunpfähle, Bodenerhebungen, Feldwege, Dämme
Wälder, Lichtungen, Waldränder	Weide, Ahorn, Eiche, Heidekraut, Heidel-Staudenfluren	Totholz (v. a. Laubholz), Fraßgänge, offene sandige Böschungen und Bodenstellen unter Bäumen
Hecken, Feldgehölze	Sträucher- und Brombeerblüten, blütenreiche Krautschicht	Totholz, Abbruchkanten, vorjährige Pflanzenstängel, Steinhaufen, Baumstubben
Sand-, Mager- und Trockenrasen	Blühende Kräuter für trockene Standorte (oft hochspezialisiert)	offene Bodenstellen, Einzelgehölze mit Totholz in trockenwarmer Lage, Pflanzenstängel
Streuobstwiesen	blütenreiches Grünland, einzelne Brombeeren	Totholz, Abbruchkanten, offene Bodenstellen, sonnige Böschungen, Pflanzenstängel, Brombeeren

Immerhin ist mehr als die Hälfte der Fläche in Deutschland landwirtschaftlich genutzt. Allein aus dieser Größenordnung ergeben sich Verantwortung und Möglichkeiten, sich dem Insektensterben entgegenzustemmen. Dazu gehören sowohl ein echter gesellschaftlicher Dialog (nicht als Beruhigungsstrategie) als auch faire nationale und internationale (vor allem EU-) Maßnahmen. Weder die geballte Faust in der Tasche noch schnelles Freund-Feind-Denken oder die unheiligen Allianzen zwischen Konzernen und Lobbyisten sind für die Insekten (und Menschen) hilfreich. Es gilt, die Interessensüberschneidungen zwischen Landwirtschaft und Naturschutz im Sinne einer Agrar-Biodiversität zu erkennen, ernst zu nehmen und als gemeinsame Aufgabe zu entwickeln.[2]

Feuchtwiese mit Wollgras.

Fitness-Check Turbolandwirtschaft – nochmal zur Erinnerung

Der Weltdiversitätsrat (IPBES) weiß es, die EU weiß es, die deutsche Bundesregierung weiß es, alle Umwelt- und Naturschutzorganisationen wissen es und laut einer aktuellen Umfrage wissen es auch 90 Prozent der Bürger hierzulande: Der Insektenschwund hat, wie gesehen, ein gewaltiges Ausmaß angenommen, und als eine wesentliche Ursache gilt die großräumige, intensive, auf immer weniger Pflanzen beschränkte und von Agrarchemie (inklusive einer Vielzahl von Pestiziden und Insektiziden) beherrschte Landwirtschaft. »Ohne Insekten keine natürliche Bestäubung, weniger Vögel, weniger natürliche Feinde für Schädlinge, die Raps, Mais und Weizen befallen. Dann werden wir nur noch bis zu dem Tag satt, wie chemische Pestizide zur Verfügung stehen.«[3] Konkret liest sich ein kurzer Lagebericht wie folgt:[4]

– Fast 50 Prozent des Ackerlands in Deutschland werden heute mit Mais und Weizen bestellt.
– 1 Million Hektar Mais wandert in deutsche Biogasanlagen.

- Von 270 Ackerpflanzen, die bei uns vorkommen, finden sich faktisch nur noch ein Dutzend auf den Feldern.
- Wiesen und Weiden bestehen oft nur noch aus 10 bis 15 Pflanzenarten.
- 600.000 Hektar Grünland sind seit 1990 verloren gegangen, darunter wertvolle Brachflächen, trotz Greening der EU.
- Monokulturen haben Brachen, Hecken, breite Säume verdrängt.
- Der Stickstoffüberschuss beträgt 90 Kilogramm pro Hektar.
- Die Verluste/Schäden durch Stickstoff werden von der EU auf bis zu 320 Milliarden Euro pro Jahr für Europa geschätzt.
- Naturnahe Flächen als Pufferzonen betragen laut EU nur 0,3 Prozent, statt die notwendigen 7 bis 10 Prozent.
- Ackerbegleitkräuter, die für Nützlinge wichtig sind, sind durch Pestizideinsatz auf fast Null reduziert. Dabei verträgt zum Beispiel Weizen schadlos bis zu 40 Beikräuterarten.

Insekten finden in dieser ausgeräumten Landschaft kaum noch Lebensraum, mit den bekannten Konsequenzen. Ein innersystemischer Blick auf die Folgen für diese Landwirtschaft selbst enthüllt aber einen Teufelskreis: So gehen bei höchstem Gifteinsatz mit den Schädlingen auch die Nützlinge, die oft von Ersteren leben, verloren. Es ist nur wenig bekannt, dass ein Großteil der Schädlingsbekämpfung biologisch ist. Jede Wiese ist voller Insekten – auf einem Hektar nach Schätzungen 1500 Arten. »Auf einem Hektar Getreide leben hunderttausende von Spinnen und räuberischen Käfern, die hauen viel weg.«[5] Diese den Bauern eigentlich unterstützenden Insekten sind wiederum auf die »Unkräuter« angewiesen.

Oft nur unter vier Augen sprechen Bauern von ihren Beobachtungen zu Resistenzen bei Pflanzen oder Schädlingen, denen kein chemisches Mittel mehr beikommt, und dass die Effizienz durch enge Fruchtfolgen, immer größere Monokulturen und frühe Aussaat längst an ihre Grenzen stößt. Offen diskutiert wird zum Beispiel über den Ackerfuchsschwanz, der immer mehr zum Problem für den Winterweizen wird. Stellenweise tritt er so massiv auf, dass er den

Anbau unserer wichtigsten Nahrungspflanze stark behindert und im Extremfall sogar unmöglich macht. Eine Studie von britischen Forschern um Robert Freckleton von der Universität Sheffield warnt am Beispiel des Ackerfuchsschwanzes vor »Superunkräutern«, die bereits jetzt Ernteverluste bis zu 50 Prozent verursachen können. Sie erteilen dem Glauben, es könne immer so weitergehen, eine klare Absage und raten dazu, sich auch im konventionellen Anbau von einer auf Pestizide gestützten Strategie zu verabschieden[6]. Wissenschaftler sprechen denn auch von einem »erschöpften Agrarsystem«, bei dem es nicht mehr darum geht, ob, sondern *wie* eine Umstellung erfolgen könnte. In anderen Ländern, etwa den USA, ist Ähnliches zu beobachten.

Das Fazit kann daher nur lauten: Bei genauem Hinsehen sind die Interessen von Bauern und Insekten gar nicht so weit auseinander. Agrar-Biodiversität, also eine biologische Agrarvielfalt, zu sichern bzw. zu ihrer Stabilisierung beizutragen, und dazu würde der Insektenschutz zentral gehören, erscheint uns als logische Perspektive auch für eine ökologisch verträgliche konventionelle Landwirtschaft. Wenn zusätzlich der Anteil der biologisch bewirtschafteten Flächen steigt, könnten sich die Lebensbedingungen für Insekten erheblich verbessern.

»Bienen sind systemrelevant«: Landwirtschaft neu denken

Noch vor wenigen Jahren konnte man, wenn das Gespräch auf Biodiversität kam, fragende Gesichter sehen. »Bio ... was?« Heute ist deren Bedeutung insbesondere im Zusammenhang mit dem großen Insektensterben in vieler Munde. Längst reden nicht mehr nur Naturschützer und Umweltexperten davon. Auf allen Ebenen werden Ursachen des Insektensterbens diskutiert und Maßnahmen erwogen. (Dabei hat die Debatte um das Allroundgift Glyphosat

Wildlebensraumberater in Bayern

»Lebensräume verbessern – Wildtiere fördern – Mensch und Natur verbinden«. Das ist die Aufgabenstellung der nur in Bayern angebotenen Wildlebensraumberatung. Sie wendet sich insbesondere an Landwirte, mit der Intention, etwa durch Blühstreifen, Hecken, Brachflächen oder Streuobstwiesen Flächen gezielt aufzuwerten. Im Rahmen des Kulturlandschaftsprogramms für umweltschonendes Wirtschaften sind hier jährlich 60 Millionen Euro abrufbar.

sicher zur öffentlichen Aufmerksamkeit beigetragen.) Appelle erge-
hen, Aktionsprogramme werden beschlossen, Pläne formuliert. Die
UNO ruft den 1. Welt-Bienentag (20. Mai) aus. Die Bundesregierung
erklärt, wie gesehen, gar die Biene als systemrelevant. Im Zentrum
all dieser Absichtserklärungen und Programme stehen mit Blick
auf die Landwirtschaft fünf Hauptforderungen, die sich auf Wissenschaft und Erfahrung gleichermaßen stützen können:

1) Ökologische Vorrangflächen müssen mindestens 7 bis
   10 Prozent ausmachen und sind im Rahmen des
   EU-Greenings, das allgemein in seiner jetzigen Form als
   gescheitert angesehen wird, neu zu bewerten. Außerdem
   müsste die 15-Hektar-Grenze aufgehoben werden, weil
   damit etwa die Hälfte des Lands von Artenschutzmaß-
   nahmen gar nicht erfasst wird.

2) Kleinräumige Strukturen mit variantenreichen Landschafts-
   elementen sind wieder zu entwickeln.

3) Der Pestizid- und Düngereinsatz muss im Sinne des Nütz-
   lingschutzes massiv reduziert werden.

4) Blühstreifen müssen mindestens 5 Meter breit sein, dürfen
   weder gespritzt noch gedüngt werden und sollten unter dem
   Gesichtspunkt der Vernetzung gesehen werden.

5) Artenschutz muss den Landwirten als Produktionsziel
   vergütet werden, was eine Neuausrichtung der EU-Subven-
   tionspolitik bedeutet und ein anderes Selbstverständnis der
   Landwirtschaft.

In den Worten von Fritz Vahrenholt: »Wir brauchen mehr wildtier-
freundliche Landwirtschaft, wir brauchen mehr Vielfalt in unserer
Landschaft durch Hecken, Raine, Tümpel und Feldgehölze, wir müssen Sonderbiotope wie Heiden, Magerrasen und Feuchtwiesen be-
wahren und wir brauchen mehr Naturerbeflächen und damit mehr
Wildnis in Deutschland – all dies brauchen wir, um der faszinieren-
den und so bedeutsamen Welt der Insekten eine Zukunft zu geben.«[7]
    Betrachtet man diese Zusammenhänge, sind gemeinsame Inte-
ressen von Bauern und Insekten deutlich erkennbar. Erstere wie-

Kleinräumig strukturierte Agrarlandschaft.

der zu Sachverwaltern der Vielfalt und der Insekten zu machen, sie daran zu erinnern, welche unschätzbaren Werte sie einst geschaffen haben, wäre ein erfolgversprechender Weg. Alle Maßnahmen, insbesondere die EU-Agrarpolitik mit ihrem Finanzvolumen von derzeit 56 Milliarden Euro jährlich, sollten sich an diesem Ziel orientieren und damit die Erhaltung und den Ausbau der Biodiversität, und nicht länger ihre Zerstörung, wieder ins Zentrum der Landwirtschaft rücken. Bisher widersprechen sich Agrarpolitik und Biodiversitätsstrategien vielfach.

Dies würde einer Trendwende gleichkommen. Die Rolle der Landwirtschaft, so formulierte es kürzlich Maria Krautzberger, Präsidentin des Umweltbundesamtes, würde sich dahingehend ändern, dass sie sich als Wiederherstellerin der Biodiversität betrachtet und dass dies gesellschaftlich geachtet und honoriert wird. Ihre Behörde hat übrigens für 2018 ein bundesweites erstes Insektenmonitoring in Auftrag gegeben.

Im Kleinen wie im Großen besteht also dringender Handlungsbedarf, den der Tierökologe Johannes Steidle von der Universität Hohenheim auf den Punkt bringt: »Vorbehaltlos müssen wir jetzt überlegen: Wie bekommen wir die ökologische Vielfalt zurück in die Agrarlandschaft? Und das dann rasch umsetzen! Das Allermeiste, was die EU bisher im Rahmen des Greenings der Landwirtschaft fördert, erscheint vor dem Hintergrund des Insektensterbens schlicht wirkungslos. (…) Wir müssen jede Maßnahme darauf abklopfen, ob sie wirklich etwas bringt für die Biodiversität.«[8]

Schweisfurth oder Hipp – Leuchtturmprojekte

»Wer mit Boden, Pflanzen und Tieren umgeht und Lebensmittel für Menschen erzeugt, trägt hohe Verantwortung. Wir brauchen ethische Grundwerte, die uns sagen, was wir tun müssen und was wir nicht tun dürfen, sonst sind wir ohne Orientierung.«[9] Diese Botschaft von Karl Ludwig Schweisfurth klingt heute wieder genauso aktuell – und keineswegs selbstverständlich – wie zu jener Zeit, als der Herta-Wurstfabrikant alles in Frage stellte und neu begann. Mit den Hermannsdorfer Werkstätten begründete er in den 1980er-Jahren eine andere Form der Landwirtschaft, der Tierhaltung und der Produktion von Lebensmitteln, die wegweisend war und Vorbildfunktion für vieles hatte, das heute in der ökologischen Landwirtschaft praktiziert wird. Schauen wir auf das Insektensterben, auf den Artenverlust, auf die Gefährdung von Böden und Wasser, auf die industrielle Tierhaltung für billiges Fleisch, so scheinen wir tatsächlich die Orientierung zu verlieren. Vorbilder wie »die alten Hasen« in Sachen Lebensraumschutz sind daher gefragt.

»Mit dem Aussterben der Bauern, und die sterben aus, geht unendlich viel Wissen verloren, das sich im Laufe der Jahrhunderte gerade in Europa aufgebaut hat. Es geht die Pflege unserer Landschaft verloren und wir merken es kaum.« Schweisfurth versucht vor dem Hintergrund der Biodiversitätskrise weiter, diesen Erkenntnissen Nachdruck zu verleihen, auch im Rahmen der Schweisfurth-Stiftung, die wiederum auf andere Aktivitäten, wie etwa die enkeltaugliche Landwirtschaft (siehe Kapitel 9), aufmerksam macht, um so an der Vernetzung

»www« – lautet das Kürzel für Karl Ludwig Schweisfurths Weideschweine in Herrmannsdorf (www = Weide, Wühlen, Wurzeln).

vielfältiger Projekte auf verschiedenen Ebenen mitzuarbeiten.

Ein anderer Vorreiter in Sachen ökologischer Landwirtschaft ist Hipp, führender Hersteller von Babykost; das Unternehmen hat sich seit Jahrzehnten der ökologischen Landwirtschaft verschrieben und arbeitet an Formen nachhaltigen Wirtschaftens innerhalb und außerhalb. Aktuell engagiert es sich unter anderem für ökologische Bienenhaltung und den Schutz der Bienen sowie im größeren Rahmen für Artenschutz.

Denn »die Natur funkt SOS und das Netz des Lebens bekommt zunehmend irreparable Löcher. Der Verlust von Ökosystemen, Tier- und Pflanzenarten zählt heute neben dem Klimawandel zu den größten Herausforderungen. Unsere Welt ist existenziell auf die biologische Vielfalt angewiesen. Doch durch menschliches Handeln nehmen Tiere, Pflanzen und Lebensräume zunehmend Schaden. Dadurch werden unsere Ökosysteme geschwächt, also das natürliche Zusammenspiel von Arten mit ihrem Lebensraum – was häufig nicht sofort sichtbar wird. Aber ein derart gestörtes System droht irgendwann zu kippen«.[10]

Blühende Rahmen, Eh-da-Flächen, 100 Äcker für die Vielfalt: Wir haben verstanden

Den Pionieren, zu denen viele weitere gehören, ist eine ganze Bewegung von biologisch wirtschaftenden Bauern gefolgt, die heute in Deutschland etwa 7,5 Prozent der Agrarfläche bestellen und sich einer ständig wachsenden Nachfrage nach Bio-Lebensmitteln gegenübersehen. Ihr Beitrag zur Artenvielfalt gehört zu ihrem Selbstverständnis. Und sie mischen sich in Netzwerken wie dem »Bündnis für eine enkeltaugliche Landwirtschaft« oder »Meine Landwirtschaft« auch in die Debatte um die künftige Agrarpolitik ein. Dabei ist allen klar: »Das kann nur gelingen, wenn engagierte, dialogfähige Akteurinnen und Akteure aus allen Bereichen der heutigen landwirtschaftlichen Wirklichkeit nach dem ersten kleinen Schritt suchen, der wirklich, wirklich getan werden kann, um einer enkeltauglichen Welt buchstäblich den Boden zu bereiten.«

Auch konventionell wirtschaftende Bauern machen sich Gedanken zum Thema Insektensterben und suchen nach Wegen, um für die biologische Vielfalt zu arbeiten. Einige Initiativen wollen wir hier vorstellen.

Die Initiative »Blühende Rahmen« schafft Blühstreifen.

KAPITEL 8

Im oberbayerischen Fuchstal, nahe Schongau, haben sich, wie bereits in vielen Regionen, Landwirte der vom bayerischen Bauernverband initiierten Aktion »Blühende Rahmen« angeschlossen. Viele von ihnen beliefern Biogasanlagen, bauen also den gerade mit Blick auf das Insektensterben scharf kritisierten Mais an. Mit mindestens drei Meter breiten Blühstreifen rund um die Felder wollen sie für Bienennahrung sorgen – und auch ein wenig das Image der Biogasbauern aufpolieren. Die Fuchstaler Bauern sind dabei einen Schritt weitergegangen. Sie haben den Gedanken der Vernetzung bzw. Verinselung aufgegriffen. Denn den meisten Insekten nutzten einzelne Blühstreifen nichts, die weit auseinanderliegen (und weit können bereits 50 Meter sein). Die Initiative »Fuchstal blüht auf« will »für die kleinen Lebewesen Straßen bauen, auf denen sie von Feld zu Feld wandern können«. Außerdem versuchen sie, bis zum Winter Blühendes auf den Flächen stehen zu haben und durch einen späteren Grasschnitt den Artenbestand zu fördern. Bundesweit haben Mitgliedsbetriebe des Fachverbandes Biogas inzwischen 2000 Kilometer Blühstreifen angelegt.

Kritisiert wird die Aussaat von Blühstreifen zum Teil unter Hinweis auf die zu geringe Breite (Naturschützer und Experten fordern eine Mindestbreite von fünf Metern); manchmal wird auch darauf hingewiesen, dass die Pestizide und/oder Dünger der angrenzenden Maisflächen auf die Blühstreifen übergreifen und diese zu einer Art Todeszone für Insekten machen, die dorthin gelockt werden. Insgesamt gehört aber das Anlegen von Blühstreifen, blühenden Ackerschlägen mit Einjährigen oder auch nur das Stehenlassen von Randzonen zu den insektenfreundlichen Maßnahmen in der Landwirtschaft. Das seit mehr als zehn Jahren aktive Netzwerk Blühende Landschaft berät unabhängig zur Aufwertung auch von Teilflächen.

Fast schon zynisch ist es, wenn Syngenta, einer der weltweit größten Agrarkonzerne, der mit Pestiziden handelt, eine Broschüre zum »Einmaleins der Blühstreifen« anbietet und darin schreibt (man beachte, dass Blühstreifen, die doch einmal normal waren, hier als exotisch bezeichnet werden): »Eine eher neue und exotische Ackerkultur sind Blühstreifen und Blühflächen. In den letzten

Jahren sieht man sie zunehmend in unseren Landschaften. Im Rahmen von Agrarumweltprogrammen oder als Initiative von örtlichen Jäger- oder Naturschutzvereinen, es gibt viele Möglichkeiten, wie die Idee zu einem Blühstreifen oder einer Blühfläche auf dem Acker umgesetzt werden kann. Viele Erholungssuchende freuen sich über die bunten Farbtupfer vor ihrer Haustür. Doch neben einer bunten Landschaft soll ein Blühstreifen noch etwas anderes fördern: mehr biologische Vielfalt – mehr Vielfalt bei den blühenden Pflanzenarten, mehr Vielfalt bei den Insekten, zum Beispiel bei Wildbienen, mehr Vielfalt bei Vögeln, bei (…), die Liste könnte noch lange fortgesetzt werden. Möchte man die Lebensbedingungen für Bienen und andere Tiere der Agrarlandschaft verbessern, so gibt es mehrere Möglichkeiten, die sich im Idealfall gegenseitig ergänzen.«

In Baden-Württemberg empfiehlt das zuständige Ministerium beispielsweise die Anlage von Bienenhügeln (Bee Banks); das sind locker aufgehäufelte Dämme, die auf dem Acker angelegt und möglichst über Jahre erhalten werden. Sie bieten Insekten Rückzugsraum und Winterquartier.

Das Projekt »100 Äcker für die Vielfalt« folgt dem Gedanken, dass früher zahlreiche Beikräuter auf den Äckern standen, die dem Ernteerfolg keinen Abbruch taten, aber der Vielfalt von Pflanzen, Insekten und Vögeln dienten. Wissenschaftler der Universitäten Göttingen und Kassel betreuen bundesweit derzeit sogar 112 Äcker mit 436 Hektar, auf denen etwa der Frauenspiegel oder die Knollenplatterbse gedeihen.

Und dann sind da noch die Eh-da-Flächen. Hinter »Eh-da« verbirgt sich keine neue Abkürzung aus dem Giftschrank der Agrarchemie, sondern Flächen, die »ohnehin da« sind wie ungenutzte Randflächen im Außen- und Siedlungsbereich. Wissenschaftler des Instituts für Agrarökologie der Universität Neustadt, die das Projekt entwickelt haben, schätzen das Potenzial der Eh-da-Flächen auf etwa 6 Prozent. Das ist mehr, als alle Gärten und alle Naturschutzgebiete auf die Waage bringen. Die Aufwertung dieser Flächen bietet vielfältige Chancen, für Insekten und andere Arten Korridore, Trittstein- und Saumbiotope in Verbindung mit anderen Flächen in der

Wenig gemähte Wiesen, Blühstreifen oder Eh-da-Flächen als Insektennahrung.

Agrarlandschaft zu bilden und damit einen Beitrag zur strukturellen Vielfalt zu leisten. Es sind übrigens nicht nur kleine Flächen, sondern auch beispielsweise große Böschungen an Autobahnen. Diese Flächen können als Ressourcen für Blüten dienen, aber auch als Nistplätze. Derzeit sind deutschlandweit etwa 500 Eh-da-Flächen, oft in einem engagierten gemeindlichen Kommunikationsprozess, ausgewiesen.

Bauern und Bürger: eine heilige Allianz

»Billig« gefährdet Vielfalt, schrieb ich zu Beginn dieses Kapitels. Eine forsche Behauptung, denn wir bewegen uns mit diesem Thema auf komplexem und gefahrvollem Terrain. Das Freund-Feind-Denken ist allgegenwärtig, genauso wie Enttäuschung, Pessimismus und Resignation.

Letztere ist auch in einem Fazit des seit Jahrzehnten für eine intakte Umwelt kämpfenden Experten Josef Reichholf zu spüren: »Die Debatte um eine naturverträglichere Landwirtschaft geht ja schon seit Jahrzehnten. Am Ende hat sich stets die Agrarlobby durchgesetzt. Inzwischen denke ich, unser Agrarsystem ist unreformierbar, es müsste erst zusammenbrechen, damit es eine Perspektive für die Bauern selbst und die Tier- und Pflanzenwelt gibt. So sehr ich wünschte, dass es anders wäre: Der Artenschwund wird weitergehen, auf dem Land wird es immer weniger Lebensqualität für Menschen, Tiere und Pflanzen geben.«[11]

Weder die Kräfteverhältnisse noch die in diesem Buch skizzierte Bestandsaufnahme zum Insektensterben und seinen Folgen lassen Illusionen zu. Und doch regt sich eigensinnig Widerstand. Bauern und Bürger artikulieren Protest, machen Vorschläge, reden mit, bauen Druck auf, fangen schon mal an. Tropfen auf den heißen Stein – natürlich. Wie jene 180.000, deren Unterschriften zum 1. Welttag der Bienen an Umweltministerin Svenja Schulz übergeben wurden, verbunden mit der Forderung, jetzt nicht nur Aktionen in Programme zu schreiben, sondern nach draußen zu tragen. Dorthin, wo Insekten verhungern.

Im wilden Umfeld von Zorn, Traurigkeit und Rebellion bleibt

man gern mal im Gestrüpp von Emotionen hängen, und doch speisen sich daraus Kreativität, Kraft und Mut, weiter an Veränderung, Umkehr und Refugien zu arbeiten, so wie bei den wenigen beispielhaften Aktivitäten in diesem Kapitel gesehen.

Die wild Entschlossenen unter Bauern und Bürgern schmieden Allianzen und dabei agieren Letztere, wie der eingangs zitierte Robert Habeck forderte, nicht nur als Konsumenten, wenn auch in dieser Rolle eine starke Macht liegt, die es bewusst beim täglichen Einkauf einzusetzen gilt. Als gesellschaftliche Kraft hat sich eine weit verzweigte Bewegung entwickelt, eine bunte Gesellschaft, die wir im kommenden Kapitel erkunden.

KAPITEL 9

Die Macht der Vielen: handeln hilft

Eine »bunte Szene« nennt der BUND das Spektrum an Initiativen, Vereinen und Einzelpersonen, die sich zum Thema Insektensterben, Artenschwund und Biodiversität auf unterschiedlichsten Ebenen und zum Teil schon seit Jahren engagieren. Hinzu kommen Stiftungen, Unternehmen und Institutionen, die durch Konzepte, Aktionen und Projekte auf sich und das Thema aufmerksam machen – oder Bürgerinnen und Bürger wie im Südtiroler Dorf Mals.[1] Im pestizidverseuchten größten Apfelanbaugebiet Europas widersetzen sich die Dorfbewohner seit Jahren dem Einsatz von landwirtschaftlichen Giften auf ihrem Gemeindegebiet. Sie haben sich mit großer Mehrheit zur ersten pestizidfreien Gemeinde Europas erklärt. Ihre Gegner, eine übermächtige Allianz aus Bauernbund, Landesregierung und Agrarindustrie, arbeiten mit allen Mitteln, um den Widerstand zu brechen. Der Dokumentarfilmer Alexander Schiebel hat sich mit Kinofilm, ARTE-Doku, Buch und Aktionen auf die Seite der mutigen Malser gestellt und ihnen damit europaweite Aufmerksamkeit und Unterstützung gesichert.

Dass derartige Aktivitäten heute mehr im Rampenlicht stehen, hat insbesondere mit der Dramatik der Lage (»Ein ökologisches Armageddon«, titelte die *Zeit*) zu tun, die seit der Krefelder Studie endlich auf der Tagesordnung angekommen ist, uns zu diesem Buch bewogen hat und für andauernde mediale Aufmerksamkeit sorgt. »The insects dying is a great thing«, bestätigte mir dieser Tage ein amerikanischer Freund.

Inmitten einer (noch) weitgehend intakten Agrarlandschaft im Obervinschgau wohnen die »widerspenstigen« Malser, die nicht aufhören, dem Feind (den Pestiziden) Widerstand zu leisten ...

Wir fangen schon mal an I: Krefeld und der Wiesenblumenstrauß

Man könnte sagen, ich selbst lebe in einem Hotspot zum Thema. Landwirtschaftliche Flächen rundum, dörfliche Strukturen, Siedlungsraum, der im Sog einer erreichbaren Großstadt mit hoher Attraktivität ins Umland kriecht. Mein Erfahrungsfeld ist naturgemäß überschaubar, der Zeitraum spannt sich über 25 Jahre. In dieser Zeit hat sich Großes und Kleines verändert: Die nur zweimal pro Jahr gemähte Wiese auf dem Moränenhang mit artenreicher Flora – bebaut; der Imker, von dem wir jahrelang Honig bezogen – aufgegeben; Nutzung der angrenzenden Wiesen – Gülle und häufige Silomahd; artenarme »Grünflächen« an Grundstücksrändern, Wegen und auf dörflichen Freiflächen, Glühwürmchen – wie gesehen, noch da, aber viel weniger; Ringelnattern und Zauneidechsen – selten. Trotzdem ist es nach wie vor ein Lebensraum mit vielen Qualitäten, und mittendrin ist mein Garten, mit vielen Insekten und Vögeln.

Aber der Trend ist unverkennbar. Die Flächen vergrünen im Sinne der »Grünfläche« – grüne Wüsten für Insekten. In die neuen Gärten ziehen Kirschlorbeer, Steine, Gartenlichter und Rasenroboter ein. In den Neubauarealen wird jeder Quadratmeter geldwert genutzt; da wird in Plänen zwar von Bäumen und Begrünungen geschrieben, aber niemand verfolgt ernsthaft, ob das umgesetzt wird. Denn Bäume machen »Dreck«. Was früher normal war, und hier wiederhole ich mich gerne, ist heute unordentlich oder eine bestaunenswerte Rarität. Da hält vor mir ein Auto an, die Fahrerin steigt aus und fotografiert ein paar Klatschmohne am Straßenrand …

Und dann haben einige Menschen hier begonnen, sich für das Thema artenarme Wiesen zu interessieren. Langsam, ich könnte den Zeitpunkt nicht benennen, aber es entwickelte sich etwas. Innerhalb des großen Spektrums von Umweltschutz und ökologischen Themen, mit dem viele meiner Generation aufgewachsen sind, tauchten immer häufiger die Vogelschützer, die Insektenbeobachter auf, diejenigen, die sich Bienen zulegten, nicht mehr von Rasen sprachen, ihre Wiesen wenig mähten. Oft waren es Frauen und/oder Mitglieder der örtlichen Gartenbauvereine, deren Ausrichtung sich übrigens parallel zu diesen Erfahrungen ebenfalls verschob und das bis heute tut.

Früher hat man solche Entwicklungen Graswurzelbewegung genannt, und heute erinnern sich viele daran als eine Bewegung, die auf Ethik und auf die Kraft der Person setzt.[2] In meinem Dorf entwickelte sich aus den vielen Fragen, selbst ermittelten Erkenntnissen und Erfahrungen das Projekt »Buntes Band«, angelehnt an das mäandernde Flüsschen des Ortes. Viele Menschen ließen sich anstecken von der Freude über blühende Flächen an Straßenrändern, griffen selbst zum Spaten, setzen Wildkrokusse, werteten »Grünflächen« auf, beschwerten sich nicht mehr bei der Gemeinde über »Verhau« auf weniger gemähten Flächen. Informationen wurden ausgetauscht und plötzlich war klar: Im ganzen Land gibt es Menschen, die sich der bunten Bewegung angeschlossen haben, die nicht mehr warten, bis keine Wespe mehr den Nachmittagskaffee stört, kein Schmetterling am Schmetterlingsstrauch sitzt. Da sind viele, die Initiative ergreifen, pflanzen, Kommunen überzeugen und Änderungen auf allen Ebenen fordern. Immer nach der Devise: Wir fangen schon mal an. Bürgermeister und Gemeinderäte lächeln nicht mehr über diese »Hobbybotaniker« und unterbeschäftigten Hausfrauen. Verwaltungen geraten unter Zugzwang, Straßenbauämter müssen sich rechtfertigen für ihr insektenfeindliches »Straßenbegleitgrün«. Aber noch immer behielt all dies etwas vom Charakter des persönlichen Bedauerns, der persönlichen Verluste (»sei doch froh, dass Du nicht am Mittleren Ring wohnst!«).

Und dann kam Krefeld …

Auch die Krefelder Beobachter könnte man als Teil einer solchen Graswurzelbewegung verstehen. Auch sie haben ihre Beobachtungen ernst genommen, haben sie im Stillen über 27 Jahre zu einer großen Untersuchung ausgebaut, an so vielen Standorten wie nie vor ihnen. Zu ihrer geduldigen Basisarbeit kam ihr Mut. Bei aller wissenschaftlichen Fundierung ihrer Arbeit (und die zweifeln aus meiner Sicht mittlerweile nur noch Nichtwisser und Böswillige an) haben sie ihre Erkenntnisse nicht hinter komplizierten Zusammenhängen und wissenschaftlichen Formalitäten versteckt, sondern ihrem eigenen Erschrecken Ausdruck verliehen. Mit dem zentralen Ergebnis ihrer Messungen:

Über 75 Prozent unserer Insekten sind weg.

Mitglieder des Krefelder Entomologischen Vereins mit einer Insektenfalle.

Ein einfacher Satz, für jeden verständlich. Er hat für uns alle ein Fenster geöffnet. Was Wissenschaftler schon lange wissen, aber was höchstens den Weg in eine wissenschaftliche Zeitschrift fand, haben die Krefelder Insektenbeobachter laut und unmissverständlich ausgesprochen. Jetzt konnte und kann niemand mehr sagen, er habe es nicht gewusst.

Und dieses Wissen rollte und rollt bis heute durchs Land. Man konnte spüren, mit welch ungläubigem Staunen Menschen dies hörten und lasen. Das kann doch nicht wahr sein! Und dann war da das Phänomen Windschutzscheibe, das wir alle kennen, aber das plötzlich mehr war als eine nebensächliche Beobachtung, wir hatten eine Erklärung geliefert bekommen – und die war brisant, gefährlich, von ungeahnter Dimension. Der bedrohliche Artenschwund – ich selbst erlebe ihn, an meiner sauberen Windschutzscheibe. Das Insektensterben ist zum Synonym geworden für das, was um uns herum passiert, was wir in der Natur anrichten, deren unabtrennbarer Teil wir doch sind. Vielleicht ist das Insektensterben auch deshalb allgegenwärtig, weil es greifbarer, unmittelbarer wahrnehmbar ist als der Klimawandel. Die Biene ist uns näher als der Eisbär.

Das Insektensterben stand und steht auf der Tagesordnung. Kein Medium, das sich dem verweigerte, oft bekamen die Insekten die Titelseite, den Aufmacher, den Kommentar des Tages. Und das Thema ist, um im Bild zu bleiben, keine Eintagsfliege. Immer neue Aufhänger für Berichte, Analysen, Aktionen werden gefunden. Unternehmen wie Penny oder Lidl räumen zum internationalen 1. Welttag der Biene alle Produkte aus den Regalen, die es ohne Bienen/Insekten nicht geben würde, und machen so für jeden augenfällig, worum es – auch – geht.

Die im Folgenden vorgestellten Initiativen sind nur eine winzige Auswahl dessen, was und wer sich hierzulande bewegt, um etwas für die Insekten zu tun, um unsere Wahrnehmung in Frage zu stellen und sie zu verändern. Es sind Tausende – und täglich kommen welche dazu. Ihre Spuren kann man überall sehen: in den bunten Straßeninseln der Dörfer, auf Kreisverkehren, auf städtischen Wiesen, die plötzlich wieder bunt und kniehoch werden dürfen und wo

Kommunales Grün wird immer häufiger insektenfreundlich bepflanzt.

Kindheitsblumen wachsen – Kornblumen, Margeriten, Lichtnelken. Und wenn wir weiter daran arbeiten, trauen wir uns bald wieder, Wiesenblumensträuße zu pflücken, wie ich sie als kleines Mädchen meiner Mutter vom Spielen mitbrachte.

Und damit finden wir vielleicht auch Wege, über die Wahrnehmung von Schönheit, Vielfalt und einer anderen Normalität den nachwachsenden Generationen zu zeigen, was uns/ihnen gerade verloren geht – und damit den gefürchteten *Shifting Baselines* (siehe Kapitel 5) entgegenzuwirken.

Wir fangen schon mal an II: für ein öffentliches Bunt

Wann haben wir eigentlich angefangen, von »Grünflächen« und »Rasen« zu sprechen? Als sprächen wir von Grünbeton oder wären allesamt Golfspieler, die täglich daheim im Garten üben müssen. Reden wir also jetzt über das öffentliche Grün.

Der bayerische Imkerpräsident Eckard Radke forderte mit Blick auf die kommunalen und überregionalen Flächen »Weg vom öffentlichen Grün hin zum öffentlichen Bunt«. Die Kommune Haar südöstlich von München ist in diesem Sinn ein Vorreiter und war schon 1997 ihrer Zeit weit voraus, als sie beschloss, ihr öffentliches Grün konsequent in Magerstandorte umzuwandeln und mit heimischen Aussaaten aufzuwerten. Und mit dieser nachhaltigen Strategie den Lebensraum von blütenbesuchenden Insekten zu verbessern. Inzwischen wurden mehr als 41 Flächen mit etwa 40.000 Quadratmetern »abgespeckt«, wie die Zuständigen das selbst nennen. Sie betonen immer wieder, was inzwischen auch vielfach belegt ist: dass diese Art des Managements öffentlicher Flächen kostengünstiger, klimaschonend, nachhaltig, weil sich selbst erneuernd, trockenheitstoleranter ist, Starkregen besser abfedert und die Biodiversität in die Stadt/den Siedlungsraum zurückholt. Und dass die blühenden Flächen einfach schön sind. Nach anfänglichen Bedenken stehen die Bürger heute hinter diesem Konzept, und Haar ist bundesweit zum Vorbild geworden; das Haarer Modell als ein Synonym für eine insekten- und menschenfreundliche Flächennutzung, das dafür im Rahmen der UN-Biodiversitätsdekade ausgezeichnet wurde.

Das Beispiel Haar wirkt auf viele andere Kommunen und Städte, wo Initiativen oder Verwaltungen immer neue Ideen entwickeln. Gemeinden erklären sich zu Biodiversitätsgemeinden, Hannover wird Bundeshauptstadt der Biodiversität, in Nürnberg wählte eine Initiative zur Förderung der Insektenfauna die Naturforscherin und Malerin Maria Sybilla Merian (1647–1717) zur Namenspatronin, in Niedersachsen kümmern sich Orte um die ökologische Nische Friedhof und in vielen Gemeinden übernehmen Anwohner Patenschaften für öffentliche Wildblumenbeete.

Überall blüht es auf und summt. Kommunen haben sich bereits 2013 im Bündnis »Kommunen für biologische Vielfalt« zusammengeschlossen; die Initiative »Deutschland summt« strebt in kleinen und großen Orten mehr Lebensräume für Bienen an. Schaut man sich auf der Internetseite des seit über zehn Jahren aktiven »Netzwerk für Blühende Landschaften«[3] um, sieht man, dass sich die Aktivitäten durchs ganze Land ziehen. Gleichzeitig verzichten immer mehr Kommunen auf den Einsatz von Pestiziden auf ihren Flächen; dabei ist Saarbrücken ein Vorbild, wo bereits seit 20 Jahren keine Pestizide mehr verwendet werden. In Großstädten, die neue Stadtteile entwickeln wie beispielsweise im Arnulfpark in München, wo auf 18 Hektar neue Wohnungen und Straßen entstanden sind, legen Bewohnerinitiativen Wildblumenwiesen an.

Wir fangen schon mal an III: Jedem Dorf sein Biotop

In den 1980er-Jahren fasste der international renommierte Vogel-
kundler Peter Berthold einen Plan. Er schuf mit Unterstützung seines Freundes, des inzwischen verstorbenen Tierfilmers Heinz Siel-
mann und dessen Stiftung auf einem wertlosen Acker in seinem
Heimatort am Bodensee ein Feuchtbiotop als Refugium für bedrohte Arten und zu deren Wiederansiedlung. Den Artenschwund hatte
der ehemalige Chef des Max-Planck-Instituts für Ornithologie über
Jahrzehnte beobachtet. Nun wollte er mit dem Projekt »Jedem Dorf
sein Biotop« das große Sterben aufhalten. Derzeit umfasst »Siel-
manns Biotopverbund Bodensee« 110 Projekte an 36 Standorten,
dazu gehören Streuobstwiesen genauso wie Weiher und Feucht-
biotope. Bertholds Vision sind 3.000 Biotope in ganz Deutschland,
alle zehn Kilometer eins. So würden überall »Wohnzimmer für die
Natur« entstehen. Das Finanzierungskonzept hat die Sielmann-Stif-
tung[4] entwickelt, und es hat Modellcharakter: Die Hälfte der Kosten kommen von privaten Spendern, die oft ihren Reichtum mit
Hilfe der Natur erworben haben und etwas zurückgeben wollen,
die andere Hälfte resultiert aus Ausgleichsmaßnahmen, zu denen
jede Kommune verpflichtet ist, wenn sie Gewerbe- oder Baugebiete
ausweist. Anstatt immer wieder Kleinflächen als Ausgleichsflächen
umzuwidmen und mit ein paar Bäumen zu bepflanzen, beteiligen
sie sich an der Finanzierung größerer Vorhaben.

Auch andere Stiftungen beteiligen sich an größeren Projekten
des Artenschutzes, so etwa die Bodensee-Stiftung.[5]

Wir fangen schon mal an IV: business diversity[6]

Als der Discounter Penny zum Welttag der Biene alle Produkte, die
es ohne Bienen nicht geben würde, aus den Regalen räumte, war es
plötzlich ziemlich leer. Eine PR-Maßnahme für einen guten Zweck.
Immer häufiger fühlen sich Unternehmen genötigt, zu gesellschaftlich drängenden Fragen, die noch dazu eine starke öffentliche Aufmerksamkeit haben, Stellung zu beziehen. Für Penny war es das
Insektensterben, das ihre Kunden beschäftigt.

Ein anderer Discounter, Lidl, will ebenfalls Zeichen gegen das

Bienensterben setzen und startete 2018 ein bundesweites Bienenschutz- und Artenvielfaltprogramm. »Lidl-Lebensräume« will über ganz Deutschland verteilt große Flächen für blütenbesuchende Insekten anlegen und dabei sowohl das Nahrungsbedürfnis wie die Ansprüche an Nist- und Überwinterungsplätzen berücksichtigen. Begleitet wird das Unternehmen von der Universität Hohenheim. Als weitere Maßnahmen wurden ab Frühjahr 2018 insektenfreundliche Pflanzen ins Pflanzensortiment aufgenommen, die wiederum insektenfreundlich produziert werden sollen.

Rechte der Natur – eine internationale Bewegung

Erstmals wurde 2011 einem Fluss der Status einer juristischen Person zuerkannt, dem Vilcabamba in Ecuador. Zwei weitere Flüsse folgten in Neuseeland und Kolumbien. Die Idee, der Natur eigene Rechte zuzugestehen, steht im Zentrum der weltweiten Bewegung »Rechte der Natur«[7]. Sie beruft sich auf Artikel 20 der UN-Erd-Charta: »Wir erkennen an, dass alles, was ist, einen Wert in sich hat, unabhängig von seinem Nutzen für Menschen.«

Dass sich insbesondere Lebensmittel-Konzerne in diesem Bereich insektenfreundlich zu positionieren versuchen, ist naheliegend, da ihre Produkte in enger Verbindung zum Thema stehen. Auch die REWE-Gruppe engagiert sich in diesem Zusammenhang seit 2010 mit Obstproduzenten am Bodensee und der Bodensee-Stiftung für bessere Lebensbedingungen von Wildbienen. Dabei wurden seit Beginn des Projekts, an dem sich rund 100 Betriebe beteiligen, 246 Hektar Blühflächen angelegt, 8.000 Gehölze, insbesondere Hecken sowie 550 Nisthilfen, 1.700 Vogelkästen und 120 Fledermauskästen angelegt.

Andere Unternehmen werten großräumig Flächen um ihre Firmensitze auf oder beteiligen sich an neuartigen Maßnahmen wie den Naturschutz-Auktionen, die von der Bodensee-Stiftung angeboten werden. Dabei kann man Naturschutzleistungen ersteigern, die von der Stiftung durchgeführt werden. Damit soll speziell Unternehmen vermittelt werden, wie dringlich der Erhalt von Naturräumen und Kulturlandschaften ist.

Es gibt eine Welt zu gewinnen ...

Es geht hier nicht um ein Entweder Oder, es geht nicht um eine Ruhigstellung von Bürgern, die sich für mehr bunte Blumen einsetzen, damit mehr Bienen vorbeikommen, oder Kommunen, die ein bisschen Mäharbeit einsparen, oder Unternehmen, die ein wenig Imagepflege betreiben. Das Insektensterben – und das will auch dieses Buch für jeden deutlich machen – ist eine »Zukunftsfrage der Menschheit«. Und für diese können nur im Zusammenwirken aller von unten nach oben und von oben nach unten Antworten gefunden werden, und jede Idee ist dabei willkommen. Dass die Zusammenhänge komplex sind, ahnen wir, aber das ist keine Entschuldigung für Aussitzen, Aufschieben und all die anderen Gemütlichkeiten, die man sich auf privater wie öffentlicher Ebene so einfallen lassen kann. Ausweichen geht nicht mehr. Und die bisherigen Gewissheiten reichen bei Weitem aus, um jetzt zu handeln.

Dass die Vereinten Nationen bereits 2010 die Dekade von 2011 bis 2020 zur UN-Dekade für biologische Vielfalt erklärt haben, weil der Artenschwund weltweit fortschreitet, dass die deutsche Bundesregierung 2007 eine »Nationale Strategie zur Biologischen Vielfalt« beschlossen hat und Bundesländer dem gefolgt sind (etwa Bayern unter dem Motto »Natur.Vielfalt. Bayern«), ist erfreulich, aber gibt weder Anlass zur Beruhigung noch zur Zuversicht. Auf all diese Absichtserklärungen können sich zwar all jene berufen, die meinen, die Gefahr ist nicht gebannt, nur verändern muss sich viel viel mehr. Und mit allem, was wir tun müssen, sollten wir schnellstens einen Zahn zulegen. Die Zauberworte heißen: sofort, schnell und mutig.

Und so will ich am Schluss an etwas erinnern, das mir so banal wie wegweisend erscheint. Ein Leben in Freiheit ist schön, bringt aber Zumutungen mit sich, fordert Entscheidungen – und ist Arbeit. »Damit die Lage der Menschen besser wird, müssen die Menschen selbst besser werden«, meinte Leo Tolstoi vor immerhin 150 Jahren. Dafür müssen wir möglichst offen denken, konstruktiv streiten, Verantwortung übernehmen, etwas wagen, kühl und mutig, manchmal auch träumend an der Welt bauen, die wir jetzt brauchen und jeden Tag aufs Neue gewinnen können. Für die Insekten und für uns.

Be the change you want to see – für eine Weltbürgerbewegung

»Wo aber Gefahr ist, wächst das Rettende auch«, hoffte Friedrich Hölderlin in seiner »Patmos«-Hymne (1802); Martin Luther wollte zum Weltuntergang noch ein Apfelbäumchen pflanzen, und Martin Luther King ließ sich in seinem Traum nicht beirren. Viele Trostsätze durchziehen die Geschichte der Menschheit. Und bei allem nüchternen Realismus angesichts des Artensterbens ist in solchen Botschaften Erfahrung gespeichert – und Hoffnung!

Wir wissen, dass wir »ziemlich knapp vor einer Katastrophe stehen« und dass wir »sofort handeln müssen; für weitere langfristige Studien fehlt schlicht die Zeit«.[1] Zweifler gibt es weiterhin, aber sie verlieren an Boden. Es wird schwieriger, für eine insektengefährdende Landwirtschaft und artenarme Lebensräume einzutreten. Zwar wissen wir, wie in den vorherigen Kapiteln gelesen, immer noch nicht alles über die komplexen Zusammenhänge, kennen nicht einmal den Großteil dessen, was wir gerade zerstören; aber eine beständig wachsende Zahl von Studien belegt eine massive Abnahme der Insektenarten und der Insektenmasse. Und auch wenn Insekten, mit Ausnahme der Biene, über lange Zeit keine Lobby hatten (wer liebt schon die gemeine Stechmücke?), werden sie derzeit zum Synonym dafür, wie weit wir bereits an dem Ast gesägt haben, auf dem wir sitzen. Auch wenn das wie eine abgenutzte Allerweltsweisheit klingt, ändert es nichts an deren Wahrheitsgehalt. Wir haben keinen Plan, aber wir handeln trotzdem – im Negativen wie im Positiven.

An dieser Stelle möchten wir Ihnen eine Geschichte erzählen: Am 24. Januar 1975 stand ein 17-jähriges Mädchen auf der Bühne des Kölner Opernhauses. Vera Brandes war damals die jüngste Konzertveranstalterin Deutschlands. Sie hatte die Leitung des Hauses überzeugt, ein Late Night-Konzert mit dem amerikanischen Jazz-Pianisten Keith Jarrett zu machen. 1.400 Karten waren verkauft. Dann kam Jarrett an, spielte ein paar Töne auf dem Piano - und sagte, dass er auf dem Instrument nicht spielen könne. In der Vorbereitung waren Klaviere verwechselt worden. Vera Brandes versuchte, ein anderes Piano zu bekommen. Vergebens. Sie ging hinaus zu Jarrett, der bereits wieder im Auto saß, und bat ihn, das Konzert nicht abzusagen. Jarrett sah das junge Mädchen im Regen stehen, hatte Mitleid mit ihr und sagte schließlich: *»Never forget. Only for you.«*

Am Abend spielte Jarrett auf einem Piano, dessen Tasten und Pedale teilweise klemmten, dessen Volumen eigentlich für einen großen Raum ungeeignet war. Die geplante Tonaufnahme wurde nur für interne Zwecke mitgeschnitten.

Dieses unmögliche Konzert ging als legendäres Köln Concert in die Musikgeschichte ein. Es ist mit mehr als 3,5 Millionen verkauften Tonträgern die meistverkaufte Jazz-Soloplatte und meistverkaufte Klavier-Soloplatte überhaupt.

Die Umstände sind eine Katastrophe, die Lage scheint aussichtslos – und doch beginnt Jarrett zu spielen. Die Zuhörer lassen sich auf die Magie des Augenblicks ein und erleben etwas, das niemand für möglich gehalten hätte.

»So try sometimes to play the unplayable piano.«[2]

Wir lassen uns von dieser wahren Begebenheit ermutigen, immer wieder das unbespielbare Klavier zu spielen. In der Hoffnung, dass wir etwas in Bewegung setzen, dass etwas entsteht, eine Eigendynamik entwickelt, deren Ergebnisse niemand voraussehen kann angesichts des Eigensinns der Natur. Und all jene Menschen, die sich dem großen Insektensterben (und Artensterben) nach Kräften widersetzen, spielen in gewisser Weise ein unbespielbares Klavier. Dabei sind sie keineswegs blauäugig oder geben sich Illusionen hin.

EPILOG

Im Gegenteil: Sie kennen sich aus, sie kennen die Ausmaße der Verluste und der Bedrohung ganz genau. Ihnen genügt, was sie sehen. Und gerade deshalb sind sie überzeugt, dass jeder etwas tun kann und muss, dass »jeder m² zählt«, dass wir gemeinsam etwas ändern können, weil wir viele sind. Was natürlich nicht bedeutet, dass die Entscheidungsträger auf allen Ebenen sich aus der Pflicht stehlen können (vgl. Kapitel 6). Im Gegenteil: Der Druck wächst.

In diesem Sinne hat kürzlich der bekannteste Klimaforscher Deutschlands Hans Joachim Schellnhuber zu einer Weltbürgerbewegung aufgerufen, die mit der Kraft der Vielen dem Zerstörungswerk Einhalt gebieten und allen Entscheidungsträgern Beine machen kann: »Ich dachte früher immer, es sei unpolitisch, den Einzelnen in die Pflicht zu nehmen. Aber jeder sollte verdammt noch mal tatsächlich etwas beitragen. Wir haben uns alle viel zu lange aus der Verantwortung gestohlen … Sie und ich können (zum Beispiel) beschließen, kein Fleisch mehr zu essen …«

… oder Insekten nicht länger als Ungeziefer zu betrachten oder ausgeräumte Landschaften und aufgeräumte »Grünflächen« als nicht normal anzusehen oder Produkte einer insektenfreundlichen Landwirtschaft zu kaufen oder von den Kommunen und Städten insektenfreundliche Wiesen zu fordern oder selbst den Lebensraum für Insekten, Vögel und uns selbst zu verbessern.

»Heute wissen wir genau, was Sache ist. Trotzdem keine Reaktion zu zeigen, ist schändlich. Und sehr dumm. Man könnte die Situation mit einem leckgeschlagenen Schiff auf hoher See vergleichen. Natürlich gibt es auch neben dieser Havarie Probleme: Das Essen in der dritten Klasse ist miserabel, die Matrosen werden ausgebeutet, die Musikkapelle spielt deutsche Schlager, aber wenn das Schiff untergeht, ist das alles irrelevant. Wenn wir den Klimawandel (und das Artensterben, die Verf.) nicht in den Griff bekommen, wenn wir das Schiff nicht über Wasser halten können, brauchen wir über Einkommensverteilung, Rassismus und guten Geschmack nicht mehr nachzudenken.«[3]

Als sich im Januar 2018 in Berlin Wissenschaftler trafen, die Naturkundemuseen in aller Welt leiten, hatten sie »nur« ein Anliegen: Wie ist der dramatische Artenschwund aufzuhalten? Johannes Vogel, Professor für Botanik und Chef des Berliner Museums für Naturkunde, forderte mit Blick darauf, »dass uns die belebte Mitwelt wegbricht«: »Wir werden die Biodiversitätskrise nur überwinden, wenn wir wissenschaftliche und gesellschaftliche Antworten finden. Wir brauchen Forscher – und Bürger.«[4]

Es geht um eine Hand-in-Hand-Bewegung von Wissenschaftlern, Entscheidern und all jenen, die man Bürger nennen kann, die wir hier aber als Liebhaber bezeichnen wollen, weil sie für jenen Teil der Naturschützer stehen, die sich ihrer Leidenschaft, ihrer Freude und auch ihrer Trauer nicht schämen, die sehen, hören, fühlen, was wir verlieren – und überall darüber sprechen. Für die es cool ist, Naturliebhaber zu sein.

Auch wir, die wir dieses Buch geschrieben haben, gehören zu jener Weltbürgerbewegung, genauso wie Sie, die Sie dieses Buch bis hierher gelesen haben. Wir – und vielleicht auch Sie – schämen uns unseres zeitweiligen Zorns nicht, gestatten uns, für Augenblicke tief traurig zu sein, üben uns aber die meiste Zeit in nüchterner Gelassenheit – und immer wieder Zuversicht.

Und nun? Nun wissen Sie viel über das große Insektensterben, dessen vielfältige Ursachen und seine dramatischen Folgen. Aber Sie haben auch gesehen, dass Handeln hilft, der Natur und uns selbst – und dieses Handeln macht sogar hin und wieder glücklich, auch das zeigt Ihnen dieses Buch. Denn der Verlust der Insekten zerstört nicht nur einen wesentlichen Teil eines komplexen Systems, verursacht Schäden von Hunderten Milliarden Euro, bedroht die Welt, wie wir sie kennen, sondern nimmt uns bezaubernde Schönheit, verblüffenden Ideenreichtum der Natur und jene Empfindungen, die uns erfüllen, wenn sich eine wohlig brummende Hummel auf unserem Handrücken niederlässt.

Seien Sie also mit uns Teil des Wandels, wo und wie auch immer – frei nach der Aufforderung (die manchmal Mahatma Gandhi zugeschrieben wird):

Be the change you want to see.

EPILOG

LAST, BUT NOT LEAST: FÜNF GRAFIKEN

	Land		
🇦🇺	Australien	5.2	🌍🌍🌍🌍🌍🌍
🇺🇸	U.S.A.	5.0	🌍🌍🌍🌍🌍
🇰🇷	Südkorea	3.4	🌍🌍🌍🌍
🇷🇺	Russland	3.4	🌍🌍🌍🌍
🇩🇪	Deutschland	3.2	🌍🌍🌍🌍
🇨🇭	Schweiz	3.1	🌍🌍🌍🌍
🇫🇷	Frankreich	3.0	🌍🌍🌍
🇬🇧	U.K.	3.0	🌍🌍🌍
🇯🇵	Japan	2.9	🌍🌍🌍
🇮🇹	Italien	2.6	🌍🌍🌍
🇪🇸	Spanien	2.4	🌍🌍🌍
🇨🇳	China	2.1	🌍🌍
🇧🇷	Brasilien	1.8	🌍🌍
🇮🇳	Indien	0.6	🌍
🌍	gesamte Welt	1.7	🌍🌍

Wie viele Erden wir bräuchten, wenn alle so leben würden wie in ...

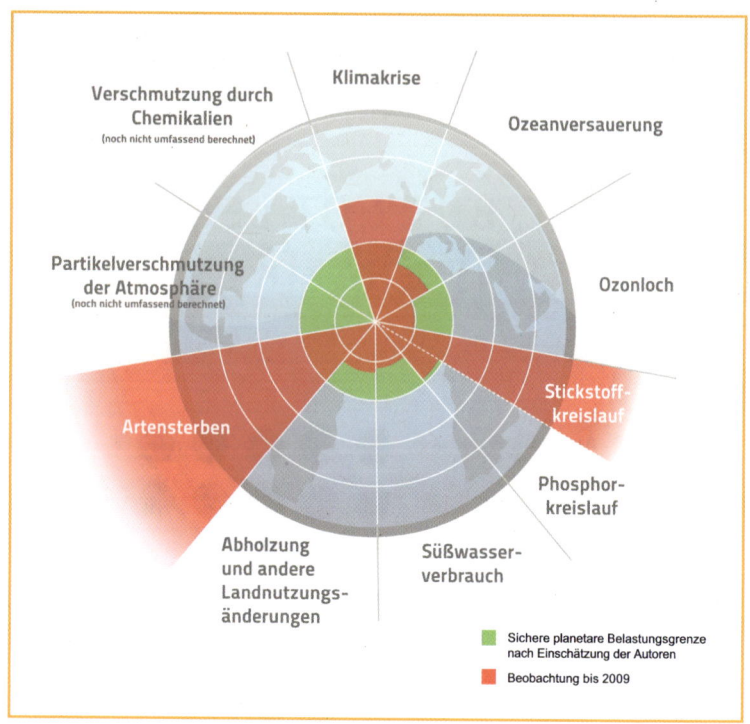

Ökologische Belastungsgrenzen der Erde.

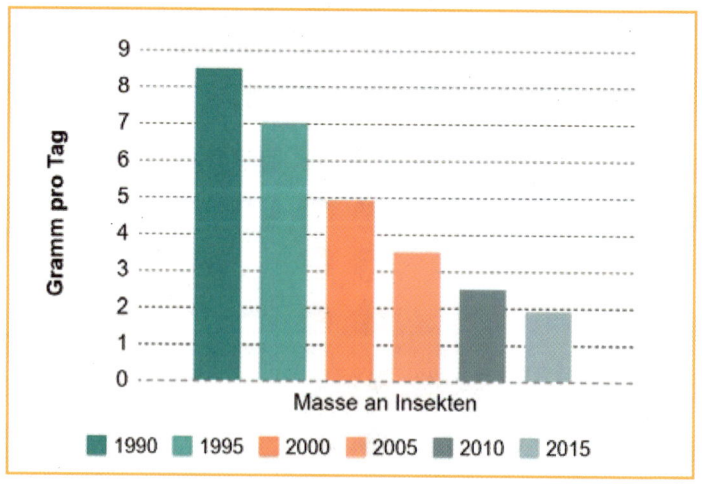

Über 75 Prozent Rückgang an Insekten in Naturschutzgebieten Deutschlands in den letzten 25 Jahren.

Last, but not least: fünf Grafiken

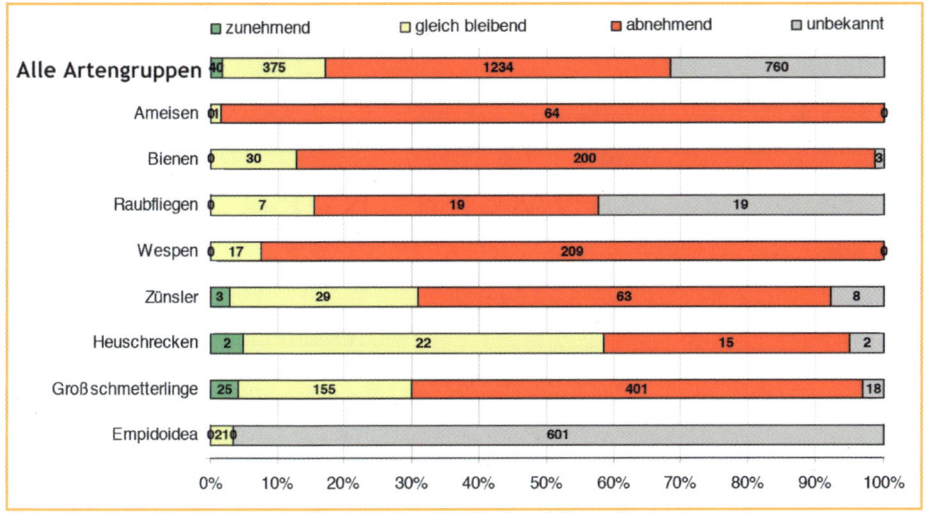

Veränderungen des Insektenbestands über die letzten 20 Jahre (ausgewählte Insekten-gruppen der Roten Liste 2011 in Deutschland).

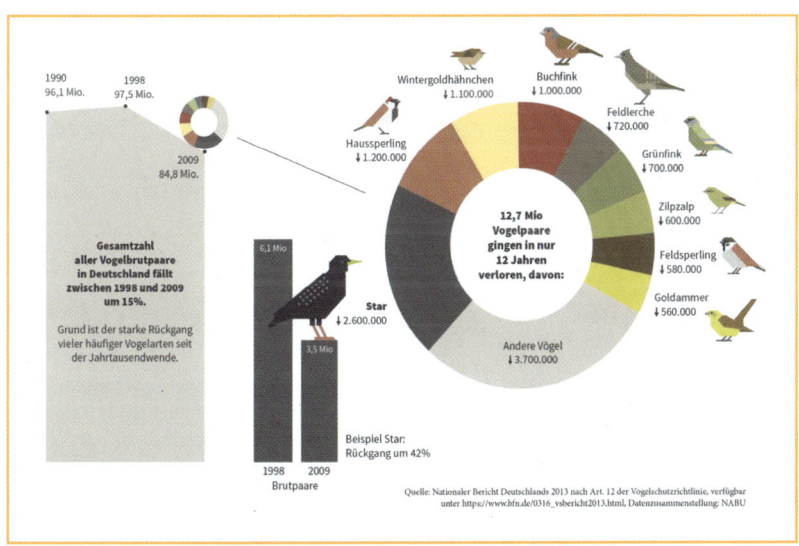

Drastischer Vogelschwund in Deutschland: In 12 Jahren gehen über 12 Millionen Brutpaare verloren.

ANMERKUNGEN

KAPITEL 1

1 z. B. Mora et al. (2011): PLoS Biology 9; Stork et al. (2015): PNAS 112: 7519–7523; Larsen et al. (2017): Quarterly Rev. Biol. 92: 229–265.

2 Völkl & Blick (2004): Die quantitative Erfassung der Fauna von Deutschland. Bundesamt für Naturschutz.

3 Fincher (1981): J. Georgia Ent. Soc. 16: 316–333.

4 Gorb & Gorb (2003): Seed Disposal by Ants in a Decidous Forest Ecosystem.

5 Müller-Schärer et al. (2014): Weed Research 54: 109–119.

KAPITEL 2

1 www.farmlandbirds.net/node/19

2 Hallmann et al. (2017): PLoS ONE 12 (10): e085809.

3 Hofmann & Herrich-Schäffer (1854): Korr.-Bl. zool.-mineralog. Ver. Regensburg 8: 102.

4 Schmid A (1885): Corr.-Bl. naturwiss. Ver. Regensburg 39: 22–23.

5 Hallmann et al. (2017): a. a. O.

6 Haslberger & Segerer (2016): Mitt. Münchner Ent. Ges. 106 (Suppl.): 1–336.

7 Segerer (2017): Entomol. Nachrichten und Berichte 61 (3–4): 169–174.

8 Habel et al. (2016): Biology 30 (4): 754–762.

9 Reichholf (2017): Das Verschwinden der Schmetterlinge und was dagegen unternommen werden sollte. Hamburg.

KAPITEL 3

1 Schweizerischer Bund für Naturschutz (1987): Tagfalter und ihre Lebensräume.

2 Blühendes Österreich & GLOBAL 2000 (2016).

3 Fox et al. (2015): Butterfly Conservation and the Centre for Ecology & Hydrology.

4 Fox et al. (2013): Butterfly Conservation and Rothamsted Research.

5 van Swaay et al. (2010): European Red List of Butterflies.

6 IUCN Bangladesh (2015): Red List of Bangladesh, Vol.7.

7 Biesmeijer et al. (2006): Science 313, 351–354.

8 Chechetka et al. (2017): Chem 2, 224–239.

9 Ollerton et al. (2012): Trends in Ecology & Evolution 27 (3): 141–142.

10 Rader et al. (2016): PNAS 113 (1): 146–151.

11 Bundesamt für Naturschutz, Vogelschutzbericht 2013.

12 Blick et al. (2016): Naturschutz und Biologische Vielfalt 70 (4): 383–510.

13 Schwartz et al. (2000): Oecologia 122 (3): 297–305.

14 Steffen et al. (2015): Science 347, 1259855 (10 pp.).

15 Jones et al. (2009): Nature Geoscience 2: 484–487.

16 Millennium Ecosystem Assessment (2005): Biodiversity Synthesis Report; Dirzo et al. (2014): Science 345: 401–406; Ceballos et al. (2015): Science Advances 1, e400253; Ceballos et al. (2017): https://doi.org/10.1073/pnas.1704949114.

KAPITEL 4

1 Biodiversity Synthesis Report, www.millenniumassessment.org/

2 www.faz.net/aktuell/wirtschaft/unternehmen/umweltpolitik-klage-gegen-pestizid-verbot-zum-schutz-von-bienen-12548564.html

3 www.bfn.de/themen/rote-liste/rl-biotoptypen.html

4 BR24 online Nachrichten, www.br.de/nachrichten/warum-sterben-beim-wiesen-maehen-die-bienen-100.html

5 Gossner et al. (2017): Nature 540: 266–269.

6 www.bmel-statistik.de/ernaehrung-fischerei/versorgungsbilanzen/

7 www.bauernverband.de/12-jahrhundertvergleich-803589

8 www.ble.de/SharedDocs/Downloads/DE/BZL/ThemenKompakt/AnzahlBetriebe.html

9 www.umweltbundesamt.de/daten/land-forstwirtschaft/oekologischer-landbau

10 Pressemitteilung vom 14.2.2017, www.wwf.de/2017/februar/kornblumen-brauchens-oeko/

11 https://albert-schweitzer-stiftung.de/massentierhaltung

12 MaxPlanckForschung 1/2018: 64-71.

13 www.umweltbundesamt.de/tierarzneimittelmarkt

14 www.umweltbundesamt.de/themen/boden-landwirtschaft/umweltbelastungen-der-landwirtschaft/stickstoff, www.umweltbundesamt.de/publikationen/reaktiver-stickstoff-in-deutschland

15 www.lwl.org/LWL/Kultur/Westfalen_Regional/Naturraum/Stickstoff_MSL

16 Bobbink (1991): J. Appl. Ecol. 28 (1): 28-41; Lethmate J (2005): Biologie in unserer Zeit 35 (2): 108–117; Nordin et al. (2005): AMBIO 34 (1): 20-24.

17 www.umweltbundesamt.de/daten/land-forstwirtschaft/pflanzenschutzmittelverwendung-in-der

18 Stokstad (2013): Science 340: 674–676.

19 Huemer & Tarmann (2001): Gredleriana 1: 331-418; Tarmann (2009): Wiss. Jahrb. Tiroler Landesmuseen 2: 306–350.

20 Mitchell et al. (2017): Science 358: 109–111.

21 Goulson (2014): Nature 511: 295–296; Hallmann et al. (2014): ebd.: 341–343.

22 www.greenpeace.de/presse/presseerklaerungen/schwarze-liste-der-gefaehrlichsten-pestizide

23 www.newyorker.com/magazine/2014/02/10/a-valuable-reputation

24 https://secure.avaaz.org

25 Schiebel (2017): Das Wunder von Mals, München.

26 Di Prisco et al. (2013): PNAS 110 (46): 18466-18471; Fischer et al. (2013): PLoS ONE 9 (3), e91364; van der Slujis et al. (2015): Environ. Sci. Pollut. Res. 22: 148–154; Giorio et al. (2017): ebd., doi: 10.1007/s11356-017-0394-3; Pisa et al. (2017): ebd., doi: 10.1007/s11356-017-0341-3.

27 Goulson (2013): J. Appl. Ecology, doi: 10.1111/1365-2664; www.boulder-

countybeekeepers.org/comparing-the-neonics-to-ddt/

28 BR24 online Nachrichten, www. br.de/nachrichten/insektizide-einege-fahr-fuer-bienen-100.html

29 www.umweltbundesamt.de/daten/ flaeche-boden-land-oekosysteme/ flaeche/siedlungs-verkehrsflaeche#-textpart-1

30 Thomas (2016): Science 353: 216–218; Habel & Schmitt (2018): Biological Conservation 218: 211-216.

31 Reichholf 2017: a.a.o.

32 www.hellenot.org/home/

33 Millennium Ecosystem Assessment, www.millenniumassessment.org/

34 Wiens (2016): PLoS Biology 14(12): e2001104.

35 Segerer (2012): Nachr.bl. Bayer. Ent. 61 (1/2): 32-45; Habel et al. (2016): Conservation Biology 30 (4): 754–762; Fox et al. (2015): Butterfly Conservation and the Centre for Ecology & Hydrology.

36 www.hochrhein-zeitung.de/themen/ energie-umwelt/15921-bauernver-band-stellt-insektensterben-als-erfin-dung-dar

KAPITEL 5

1 Goulson (2014): Nature 511: 295–296.

2 Artenschutzdatenbank WISIA des BfN, www.wisia.de/

3 www.sueddeutsche.de/bayern/ umweltpolitik-so-will-bayern-die-insekten-vor-dem-aussterben-retten-1.4010814

KAPITEL 7

1 Vogel, SZ, 25. Januar 2018.

2 Ministerium für ländlichen Raum und Verbraucherschutz: Bienenweide-katalog Baden Württemberg. Stuttgart 2015.

3 www.natur-im-vww.de/bezugsquel-len/graeser-und-kraeuter/

4 www.wildbienen.info/

5 Tina Baier, SZ, 5./6. Mai 2018.

6 Paul Westrich: Wildbienen, München 2015.

7 Alexandra-Maria Klein in: Tina Baier: Wilde Schwestern. SZ, 5./6. Mai 2018.

8 Baier, 2018.

9 http://www.taz.de/!5321197/

10 Westrich, a.a.O.

11 www.lebendiges-bienenmuseum.de/ blueteno.htm

12 http://www.lebendiges-bienenmuse-um.de/fauna.htm

13 Die Monatsangaben sind Zirka-An-gaben, da die Blühzeiten je nach Witterung und Sorten stark variieren können; außerdem überlappen sich Blühzeiträume vielfach (vgl. hierzu Literaturverzeichnis).

14 www.bluehende-landschaft.de/

15 www.lwg.bayern.de/mam/cms06/ bienen/dateien/blumenkasten.pdf

16 www.naturgartenfreude.de/ wildbienen/nisthilfen/schnecken-h%C3%A4user/

17 Informationen z.B. bei Westrich, a.a.O.

18 https://blog.wwf.de/gluehwuerm-chen/

19 z.B. www.spektrum.de/news/ lichtverschmutzung-bedroht-insekten/1423701

20 Eisenbeis & Eick (2011): Studie zur Anziehung nachtaktiver Insekten an die Straßenbeleuchtung. Stuttgart 2011.

21 www.klimaschutz.de/sites/default/ files/Flyer-Intelligente-Stra%C3%-9Fenbeleuchtung-web-bf.pdf

22 Michael Altmoos: Garten und »Wild-nis« – eine Versöhnung in: Natur und Garten 4/2013, S. 4.

ANMERKUNGEN

KAPITEL 8

1 nach www.bluehende-landschaft.de/

2 https://pan-germany.org/download/pestizid-brief-1-2017-artensterbenim-agrarland-und-auf-unseren-aeckern/

3 Grossath, FAZ 14. November 2017.

4 Basierend auf Vahrenholt: Insektenschutz und Artenvielfalt (Vortrag Deutsche Wildtierstiftung, 19. April 2018); Tscharntke, FAZ Online, 21. Oktober 2017; https://pan-germany.org/download/pestizid-brief-1-2017-artensterbenim-agrarland-und-auf-unseren-aeckern/

5 Tscharntke, a.a.O.

6 www.nature.com/articles/s41559-018-0470-1

7 Fritz Vahrenholt a.a.O.

8 Steidle (2018): Natur + Umwelt 2: 19.

9 www.herrmannsdorfer.de/ideen-grundsaetze/kls/

10 www.hipp.de/ueber-hipp/bio-qualitaet-nachhaltigkeit/nachhaltigkeit-im-unternehmen/projekte-biologische-vielfalt/

11 Reichholf, SZ 1. April 2018.

KAPITEL 9

1 Schiebel, a.a.O.

2 Lotter (2013): Zivilkapitalismus. München.

3 www.bluehende-landschaft.de/

4 www.sielmann-stiftung.de/biotopverbund-bodensee/

5 www.bodensee-stiftung.org/

6 www.business-biodiversity.eu/

7 http://therightsofnature.org/

EPILOG

1 Steidle, a.a.O.

2 www.ted.com/talks/tim_harford_how_messy_problems_can_inspire_creativity/discussion?langu#t-920265

3 Schellnhuber, SZ, 15. Mai 2018, S. 11.

4 Vogel, SZ, 25. Januar 2018.

BILDNACHWEIS

Seite 11 Aiwok/wikipedia (oben); Lichtmannecker (unten); S. 16 fotolia; S. 19 fotolia; S. 20 wikipedia; S. 21 Staatl. Naturwiss. Slg. Bayerns; S. 23 pixabay (oben), jp HAmon/ wikipedia (u); S. 24: Segerer; S. 25 wikipedia; S. 26: Kloth/wikipedia; S. 28 Ebertakis/ wikipedia (o), Wild/wikipedia (u); S. 29 Segerer (o), Viatour/wikipedia (Mitte), Hough/ wikipedia (u); S. 30 Esculapio/wikipedia (o), IAEA/wikipedia (u); S. 31 Trepte/wikipedia; S. 32 Riedel, Naturkundemuseum Karlsruhe (o), Wothe (u); S. 33 fotolia; S. 34 alamy; S. 35 Krisp/wikipedia; S. 37 H-Krisp/wikipedia (o), Gibbelini/wikipedia; S. 38 fotolia; S. 40 fotolia; S. 44 fotolia; S. 47 fotolia (l), Hempel/wikipedia (r); S. 55 Segerer; S. 57 Segerer; S. 60 Dumi/wikipedia; S. 61 Segerer (o), SLUB/wikipedia (u); S. 64 Segerer; S. 65 Descouens/wikipedia; S. 66 Csoka/wikipedia (o), Lichtmannecker (u); S. 67 Segerer; S. 68/69 Kdanv, Süpfle, Eichler, Defecdet/alle wikipedia; S. 70 fotolia; S. 75 Barker; S. 76 Karwath/wikipedia; S. 79 USDA/wikipedia; S. 82 wikipedia (o), ddp images (M), nirutft/ wikipedia; S. 83 Hansen/NASA; S. 84 fotolia; S. 90 Ramessos, Willow, Porse/alle wikipedia (l, M), Karim/wikipedia (r); S. 92, 94 Segerer; S. 95 Pinki/wikipedia (o), fotolia (u); S. 97, 102 Segerer; S. 106 fotolia; S. 107 fotolia; S. 111 google earth; S. 113 Segerer; S. 118 fotolia; S. 123 fotolia; S. 126 Segerer; S. 132 shutterstock; S. 138: fotolia; S. 141 shutterstock; S. 144/145 shutterstock; S. 147 NobbiP/wikipedia; S. 148 Frieb; S. 149 shutterstock (l), Uschen/wikipedia (r); S. 151 Gelber-Grimm/wikipedia (o), wikime542 (u); S. 152 fotolia; S. 153 fotolia; S. 154/155 fotolia; S. 157 shutterstock; S. 158 alamy; S. 160 flickr; S. 163 shutterstock; S. 165 fotolia; S. 166 shutterstock; S. 168 fotolia; S. 169 shutterstock; S. 173 fotolia; S. 175 Herrmannsdorfer; S. 176 fotolia; S. 179 Ministerium ländlicher Raum und Verbraucherschutz BW (o), shutterstock (u); S. 182 fotolia; S. 184 Bodini; S. 186 Entom. Verein Krefeld; S. 188 fotolia (l), shutterstock (r); S. 197 Global Footprint Network; S. 198 Stockholm Resilience Centre (o), Hallmann, Radbound University (u); S. 199 BfN 2012 (o), BfN/NABU (u).

LITERATUR

BUND Naturschutz in Bayern e.V.: Insektensterben. Höchste Zeit zum Handeln! (Aktionsleitfaden). Nürnberg 2018.

Bundesamt für Naturschutz: Agrarreport 2017. Biologische Vielfalt in der Agrarlandschaft. Bonn-Bad Godesberg 2017.

Goulsen, Dave: Das Summen in der Wiese. Das geheime Leben der Insekten. München 2018.

Häussermann, Vreni & Schrödl, Michael: BiodiversiTOT. Die globale Artenvielfalt jetzt entdecken, erforschen und erhalten: Unterstützen Sie unsere Taxonomie-Offensive zur Rettung der Tierwelt! Norderstedt, 2017.

Kern, Simone: Mein Garten summt! Ein Platz für Bienen, Schmetterlinge und Hummeln. Stuttgart 2017.

Kolbert, Elizabeth: Das sechste Sterben. Wie der Mensch Naturgeschichte schreibt. Berlin 2015.

Leu, Andre: Die Pestizid-Lüge. Wie die Industrie die Gesundheit unserer Kinder aufs Spiel setzt. München 2018.

Lugerbauer, Katrin: Bienenfreundlich gärtnern. Pflanzideen für alle Standorte. München 2017.

Markus, Mario: Unsere Welt ohne Insekten? Ein Teil der Natur verschwindet. Stuttgart 2014.

Reichholf, Josef: Das Verschwinden der Schmetterlinge und was dagegen unternommen werden sollte. Deutsche Wildtierstiftung, Hamburg 2017.

Robischon, Marcel: Planet der Insekten. Von duftenden Ameisen, betrügerischen Leuchtkäfern und gespenstischen Faltern. Bern 2011.

Scheub, Ute & Schwarzer, Peter: Die Humusrevolution. Wie wir den Boden heilen, das Klima retten und die Ernährungswende schaffen. München 2017.

Schiebel, Alexander: Das Wunder von Mals. Wie ein Dorf der Agrarindustrie die Strin bietet. München 2017.

Schwarzer, Elke: Heimische Pflanzen für den Garten. Stuttgart 2016.

Umweltbundesamt (Hrsg.): Daten zur Umwelt – Ausgabe 2018. Umwelt und Landwirtschaft. Dessau-Roßlau 2018. Kostenfreier Download unter dem Kurzlink: bit.ly/2dowYYI.

Buddeln für eine bessere Welt

Ute Scheub, Haiko Pieplow,
Hans-Peter Schmidt

Terra Preta. Die schwarze Revolution aus dem Regenwald

Mit Klimagärtnern die Welt retten und gesunde Lebensmittel produzieren

oekom verlag, München
224 Seiten, Klappenbro-
schur, vierfarbig, erweiter-
te Neuauflage, 22,– Euro
ISBN: 978-3-96238-026-7
Erscheinungstermin:
02.11.2017
Auch als E-Book erhältlich

»Ein (...) Mutmacher-Buch.«
Johannes Kaiser, Deutschlandradio Kultur

Terra Preta gilt nicht nur als der fruchtbarste Boden der Welt – sie kann obendrein den Klimawandel lindern. Das Autorentrio erläutert die Grundprinzipien von Klimafarming und Kreislauf-
wirtschaft und leitet zur Herstellung der »Schwarzerde aus dem Regenwald« an.